Fenne große Deters

UND IN FÜNF JAHREN LESE ICH GEDANKEN

Was man wissen muss, bevor man Psychologie studiert

W0073174

Fenne große Deters

UND IN FÜNF JAHREN LESE ICH GEDANKEN

Was man wissen muss,
bevor man **Psychologie** studiert

BOOKS

INHALTSVERZEICHNIS

5

DANKSAGUNG

Ich widme dieses Buch meiner lieben Kollegin Jana, ohne die ich es nie geschrieben hätte und die mir immer mit Rat und Tat zur Seite stand, sowie meinen fantastischen Mitstreitern aus dem Studium. Ob Party oder Prüfungsphase, nur dank Euch, liebe Lena, Pia, Maria, Inga, Kathrin, Julia und Selina, war mein Studium so schön!

Außerdem geht mein Dank an meine Lektorinnen Franziska und Susanne, meine Freundin (und BAföG-Expertin) Caroline sowie meinen Freund Ingo für ihre Unterstützung!

Zu guter Letzt möchte ich mich bei meinen Eltern Brigitte und Steven bedanken, die mich immer ohne Vorbehalte unterstützen und mich all die Jahre emotional, geistig und finanziell gesponsert haben!

1

EINLEITUNG

Die Entscheidung für einen Studiengang ist definitiv keine leichte. Sie wird nicht nur mindestens die nächsten drei Jahre Deines Lebens prägen, sondern stellt auch entscheidende Weichen für die Zeit danach. Leider sind die Menschen, die uns sonst – häufig auch unverlangt – mit Tipps und Ratschlägen versorgen, gänzlich unqualifiziert, um auch nur im Mindesten hilfreich sein zu können. Deine Eltern sind wahrscheinlich einfach nur froh, dass Du einen Karrierestart bei *Deutschland sucht den Superstar* ausschließt, und seufzen ansonsten, wenn das Thema Berufswahl zur Sprache kommt, lediglich ein wohlmeinendes »Kind, das musst Du selbst wissen«. Auch Deine Lehrer[1] helfen Dir kaum weiter, weil ihnen einfach zu deutlich anzumerken ist, dass die Welt jenseits des Pausenhofes für sie genauso fremd und mindestens so bedrohlich ist wie für Dich. Und Deine Freunde kommen als Ratgeber nicht in Frage, da sie schon ausreichend damit beschäftig sind, sich selbst für eine Zukunftsoption zu entscheiden.

So ganz auf Dich allein gestellt, bist Du einfach unsicher, ob Psychologie das Richtige ist? Du verzweifelst an der Studienplatzbewerbung? Brauchst dringend Infos zur Finanzierung und Wohnungssuche? Oder fragst Dich, wie Deine Kommilitonen sein werden, und brauchst Tipps zum erfolgreichen Lernen im Studium? Dann hältst Du das richtige Buch in der Hand, denn genau darum – und um viele weitere Themen – geht es in diesem Studienführer.

---

1 Aus Gründen der besseren Lesbarkeit des Textes wird auf die zusätzliche Nennung der weiblichen Form verzichtet.

Anders als bei Deinen Eltern, Lehrern und Freunden bekommst Du hier Informationen aus erster Hand. Natürlich stützt sich dieser Studienführer auch auf Bücher und Internetseiten, aber vor allem auf meine eigenen Erfahrungen. Ich habe in Bonn Psychologie auf Diplom studiert und promoviere jetzt an der Freien Universität Berlin in Psychologie, nachdem ich zwischendurch für ein Jahr Hochschul- und Forschungsluft in den USA geschnuppert habe. Neben meiner gesammelten Weisheit – in harten Studentenjahren und noch härteren Zeiten als Doktorandin und Dozentin an der Universität mühsam erworben – sind natürlich auch Tipps und Berichte meiner ehemaligen Kommilitonen und Mit-Doktoranden sowie Erfahrungen von durch mich betreuten oder im Seminar bespaßten Studenten in dieses Buch eingeflossen.

Viel Vergnügen beim Lesen und einen guten Start an der Uni!

2
DAS STUDIENFACH PSYCHOLOGIE

Bei diesem Kapitel handelt es sich gewissermaßen um ein Präventionsprogramm gegen Studienabbrüche: Wie viele unglückliche Abiturienten bewerben sich völlig ahnungslos für wohlklingende Studiengänge, nur um maßlos enttäuscht zu werden oder an den Anforderungen des Studiums kläglich zu scheitern. Damit Dir dieses Schicksal erspart bleibt, erfährst Du im folgenden Kapitel zunächst, was genau sich hinter dem Studienfach Psychologie verbirgt, aus welcher Motivation heraus Du es wählen solltest und von welchen falschen Vorstellungen Du Dich schleunigst verabschieden darfst. Danach erwarten Dich Informationen zum zweitwichtigsten Kriterium bei der Studienplatzwahl: Wie schwierig ist das Studium? Welche besonderen Herausforderungen gilt es zu bewältigen? Zum Abschluss dieses Kapitels gibt es dann noch ein paar Tipps, wie Du Deiner Motivation auf den Zahn fühlen und Deine Tauglichkeit für ein Psychologiestudium testen kannst.

2.1
WAS IST PSYCHOLOGIE?

Die empirische Psychologie ist eine Wissenschaft, die sich mit dem Erleben und Verhalten von Menschen beschäftigt.[2] Im krassen Gegensatz zu dem in der Gesellschaft weitverbreiteten Bild des Träume deutenden, Gedanken lesenden und frei nach Lust und Laune heruminterpretierenden Psychologen mit Couch ist die moderne Psychologie ganz maßgeblich von naturwissenschaftlicher Methodik geprägt. Psychologen beobachten, messen, beschreiben und analysieren Erleben und Verhalten systematisch und versuchen dann, es zu erklären, vorherzusagen und gegebenenfalls zu verändern. Auch im Studium liegt deswegen ein Schwerpunkt auf Theorien, Definitionen und wissenschaftlichen Methoden.

2.2
TEILBEREICHE DER PSYCHOLOGIE

Die Psychologie lässt sich in verschiedene Teilbereiche unterteilen, wie zum Beispiel **SOZIALPSYCHOLOGIE** oder **KLINISCHE PSYCHOLOGIE**. In Kapitel 7.3 werden sie Dir im Detail vorgestellt. Je nach Bereich gibt es starke Überschneidungen mit anderen Disziplinen: So lernst Du beim Thema psychische Störungen in der Klinischen Psychologie auch Stoff aus der Medizin, Biologie und Neurologie. Geht es um Intelligenz, kommst Du an

---

2 Quelle: Gerrig, Richard; Zimbardo, Philip, Psychologie

Grundlagen aus der Genetik nicht herum und bei Fragestellungen der **ARBEITS- UND WIRTSCHAFTSPSYCHOLOGIE** finden sich beispielsweise Theorien und Konzepte aus den Wirtschaftswissenschaften und der Soziologie wieder. In der **ALLGEMEINEN PSYCHOLOGIE** gibt es beim Thema Sprache und Denken Überschneidungen mit der Linguistik und Philosophie und, wie der Name schon sagt, bedienen sich Pädagogik und **PÄDAGOGISCHE PSYCHOLOGIE** munter beieinander. Diese Liste ließe sich noch beträchtlich erweitern – je nach spezieller Fragestellung finden sich auch Inhalte aus den Rechtswissenschaften, der Mathematik, Theologie und Informatik wieder.

2.3
BERUFSFELDER FÜR PSYCHOLOGEN

Weil Psychologie in so vielen verschiedenen Bereichen relevant ist, sind auch die Berufsfelder breit gefächert. Am häufigsten arbeiten Psychologen nach wie vor im klinischen Bereich. Meist hängen sie dafür nach ihrem Studium noch eine mehrjährige Ausbildung an, um dann als Therapeut mit Kassenzulassung tätig zu sein. Psychologen sind außerdem in Unternehmen und Organisationen, wo sie beispielsweise in der Personalauswahl- und -entwicklung arbeiten, sowie in Forschung und Lehre an Universitäten, externen Instituten oder in der freien Wirtschaft tätig. Psychologen sind auch im pädagogischen Bereich, beispielsweise in der Beratung oder Leistungsdiagnostik, gefragt oder arbeiten als Gutachter für

Gerichte. Weitere Informationen rund um das Thema Berufsfelder erwarten Dich in Kapitel 11 *Die Zukunftsperspektive – den Abschluss in der Tasche und jetzt?*.

2.4
STUDIENMOTIVATION ODER WARUM PSYCHOLOGIE?

Bei der Entscheidung für einen Studienplatz können ganz verschiedene Gründe eine Rolle spielen. Bei den einen ist die Aussicht auf ein üppiges Gehalt oder den dicken Dienstwagen ausschlaggebend, während andere nach Ruhm und Prestige streben oder einen sicheren und bequemen Arbeitsplatz ganz oben auf ihrer Wunschliste haben. Klassischerweise landen solche Abiturienten dann im BWL-Studium, bei den Medizinern oder schreiben sich für Lehramt ein. Du hingegen hältst einen Psychologie-Studienführer in der Hand und darum stehen die Chancen nicht schlecht, dass Dich entweder das Interesse an den Studieninhalten oder ein konkreter Berufswunsch, wie beispielsweise später als Therapeut arbeiten zu können, zu Deiner Studienwahl motiviert – das waren zumindest die beiden Top-Gründe, die knapp zweihundert Psychologiestudenten an der Universität Kiel in einer Befragung nach ihrer Studienmotivation angaben.[3] Typischerweise sind Abiturienten, die sich für ein Psychologiestudium entscheiden, intrinsisch motiviert – sie studieren aus Interesse und weil sie später gern

---

3 Quelle: www.psychologie.uni-kiel.de/psychologiestudium.html
(abgerufen 29.05.2013)

psychologisch arbeiten möchten, während ihnen äußere Belohnungen in Form von Geld und Co. nicht so wichtig sind. Anders als vielleicht in einigen anderen Fächern, die hauptsächlich aus Neigung studiert werden, sehen die Berufschancen für Psychologen glücklicherweise aber gar nicht schlecht aus. Für die Villa mit Pool wird es eher nicht reichen, aber es besteht auch keine Notwendigkeit, als Zusatzqualifikation einen Taxischein zu machen.

2.5
SCHLECHTE GRÜNDE FÜR EIN PSYCHOLOGIESTUDIUM

Schlechte Gründe für ein Psychologiestudium haben viel mit gängigen Vorurteilen und Klischees über Psychologen zu tun. Wenn jemand aufgrund falscher Vorstellungen das Studium beginnt, wird er fast unweigerlich sehr enttäuscht. Darum möchte ich hier mit zwei weitverbreiteten Fehlannahmen aufräumen: Ein häufig – allerdings zumeist von Nicht-Psychologiestudenten – genannter Grund ist: Die studiert Psychologie, weil sie psychische Probleme hat und sich dann später selbst helfen will. Keine gute Idee. Schließlich studiert auch niemand Zahnmedizin, weil er schlechte Zähne hat und dann bei sich selbst bohren kann. Oder Maschinenbau, damit endlich die Waschmaschine repariert wird. Wer psychische Probleme hat, sollte sich unbedingt schnell professionelle Hilfe holen. Abgesehen davon, dass man das anstrengende Studium trotz psychischer Probleme erst einmal durchstehen

müsste, würde man auch bitterlich enttäuscht werden: Anleitungen zur Selbsttherapie sind kein Studieninhalt!

Ebenso wenig sind ausgedehnte Gesprächsrunden oder Selbstreflexionen Teil des Studiums. Wer sich, dem beliebten Stereotyp vom Psychologen mit der Couch folgend, auf gefühlige Selbstreflexionen und Austausch von Kindheitserinnerungen freut, tut sich mit einem Psychologiestudium keinen Gefallen. Sich selbst endlich verstehen zu wollen, ist kein guter Grund Psychologie zu wählen! Wie bereits erwähnt, ist die moderne Psychologie eine empirische Wissenschaft, die auf wissenschaftliches Vorgehen großen Wert legt. Freud und seine Ideen werden höchstens rein theoretisch und nur am Rande behandelt und Deine Kindheit interessiert hier auch niemanden. Am Ende deines Studiums weißt Du hoffentlich mehr darüber, wie Menschen im Allgemeinen ticken, aber Deine Träume werden Dir noch so rätselhaft sein wie zu Beginn.

2.6
ANFORDERUNGEN DES STUDIUMS

Damit die Kombination Psychologie und Du zu einer Erfolgsgeschichte wird, solltest Du wissen, welche Herausforderungen Dich im Studium erwarten und abschätzen, ob Du in der Lage bist, sie zu meistern. Häufig stellt sich dabei zunächst die Frage danach, wie schwer oder leicht ein Studium ist. Die allgemeine Schwierigkeit eines Studienganges zu bewerten, ist allerdings

alles andere als einfach. Schließlich hängt diese Einschätzung auch ganz maßgeblich von den eigenen Stärken und Schwächen ab. Ein Psychologiestudium ist sicherlich anspruchsvoll und das Niveau schon allein deswegen hoch, weil die meisten Studenten aufgrund der Zulassungsbeschränkung ein sehr gutes Abitur haben. Fleiß und eine hohe Motivation sind unabdingbar – aber das trifft auf die meisten Studiengänge zu. Zudem ist eine gewisse geistige Flexibilität und Offenheit gefragt, da die moderne Psychologie zwar naturwissenschaftlich ausgerichtet ist, aber auch sozialwissenschaftliche und geisteswissenschaftliche Ansätze integriert und viele Überschneidungen mit anderen Fachgebieten aufweist. Grundsätzlich sind die Leistungsanforderungen des Studiums aber gut zu schaffen. Im Nachfolgenden soll es um die drei größten Hürden und Gründe für Motivationstiefs im Psychologiestudium gehen. Aus eigener Erfahrung und den Klagen von Kommilitonen sowie Beschwerden von Studenten in Seminaren sind das:

- **STATISTIK**
- **BIOPSYCHOLOGIE** und
- **ENGLISCHE FACHLITERATUR**

STATISTIK

STATISTIK ist ein sehr wesentlicher Bestandteil des Psychologiestudiums. Punkt. Diese Erkenntnis ereilt jedes Jahr wieder ahnungslose Erstsemester eiskalt und das Entsetzen ist bei Studenten und Dozenten dann gleichermaßen groß. Ich bin überzeugt, dass allein diese Info, am besten in Form eines roten Warnhinweises bei der Studienplatzbewerbung, die Abbruchquoten in Psychologie

dramatisch senken könnte! Darum gibt es zunächst eine kleine Erläuterung, warum Statistik für die Psychologie so wichtig ist, dann werde ich kurz erklären, wo und wie Dir Statistik im Studium begegnet, und zu guter Letzt werde ich versuchen, Dir Deine Angst vor Statistik (sofern vorhanden) ein wenig zu nehmen.

Statistik und Psychologie

Wie bereits erwähnt, ist die moderne empirische Psychologie eine (Natur-)Wissenschaft, die sich mit dem Erleben und Verhalten von Menschen beschäftigt.[4] Anders als immer noch von vielen angenommen, verbringen wir Psychologen unsere Zeit nicht damit, über Ödipuskomplexe nachzudenken und Gedanken zu lesen. Stattdessen entwickeln wir Messmethoden – das Repertoire reicht hier von Fragebögen über Codiersysteme für Verhaltensbeobachtungen und Cortisol-Messungen im Speichel bis hin zu Hirnscans –, führen Experimente durch, prüfen Hypothesen und entwickeln Modelle. Wir sind auf der Suche nach Gesetzmäßigkeiten (»Je mehr Menschen einen Unfall beobachten, desto wahrscheinlicher ist es, dass niemand hilft.«[5]), wollen Zusammenhänge erkennen (»Sind reichere Menschen auch glücklicher?«), Ursachen aufspüren (»Führen Frustrationen zu aggressivem Verhalten?«) und herausfinden, wie man Missstände verändern kann (»Welche Art der Therapie ist bei Depressionen wirksam?«). Dafür müssen wir zum Beispiel Mittelwerte berechnen, Korrelationen betrachten und Unterschiede auf Signifikanz testen. Sprich: Statistik ist unser unabdingbares Handwerkszeug! Das ist in vielen anderen

---

4 Quelle: Gerrig, Richard; Zimbardo, Philip, Psychologie
5 Quelle: Aronson, Elliot; Wilson, Timothy; Akert, Robin, Sozialpsychologie

Wissenschaften genauso, aber weil Freuds Couch in den Köpfen so präsent ist, sind die Erwartungen von Psychologiestudenten eben oft andere.

Statistik im Studium

Für Dein Studium bedeutet das ganz konkret, dass Dich Statistikvorlesungen, -seminare und -prüfungen erwarten. Du musst statistische Grundideen verstehen, Formeln anwenden und Graphen »lesen« können. Außerdem lernst Du, mit einer Statistiksoftware umzugehen. Ist das Statistikmodul erfolgreich abgeschlossen, heißt das aber nicht, dass Du Dein erworbenes Wissen getrost vergessen kannst. In allen Bereichen des Psychologiestudiums wirst Du Studien lesen und die verwendeten statistischen Methoden verstehen müssen. Zu guter Letzt will zudem eine Abschlussarbeit geschrieben werden. An manchen Unis besteht für die Bachelorarbeit noch die Möglichkeit einer reinen Literaturarbeit, aber spätestens die Masterarbeit muss eine empirische Arbeit sein. Es wird also von Dir erwartet, dass Du weitgehend allein Daten erhebst, sie mit statistischen Methoden auswertest und anschließend richtig interpretierst.

Panik

Erst einmal tief durchatmen. Es ist in Ordnung, kein Statistikliebhaber zu sein! Vielleicht möchtest Du später einmal als Therapeut arbeiten? Dann beißt Du die Zähne zusammen, steckst den Kopf

seufzend in ein Statistiklehrbuch und bestehst – wenn vielleicht auch nicht gerade glorreich – die Statistikprüfungen. Schwieriger ist es, wenn Du schon beim Anblick von Zahlen und Formeln in kopflose Panik verfällst. Wenn Mathe nicht nur Dein Hassfach war, sondern Du schon vor der ersten Sitzung zum neuen Thema wusstest, dass Du das niemals kapieren würdest, dann stehen Dir harte Zeiten bevor. Denn schon allein die Erwartung zu versagen führt dazu, dass man auch tatsächlich versagt – eine, wie Psychologen das nennen, »sich selbst erfüllende Prophezeiung«.[6] Um Psychologe zu werden, kommt man an Statistik nicht vorbei, aber man muss auch kein Mathe- (oder sonstiges) Genie sein. Was im Studium von Dir erwartet wird, ist absolut machbar. Allerdings musst Du bereit sein, Dich damit zu beschäftigen und wenn es Dir schwerfällt, auch viel Zeit zu investieren.

BIOPSYCHOLOGIE

Im Vergleich zu Statistik arrangieren sich die meisten Studenten recht gut mit **BIOPSYCHOLOGIE**. Dafür ist die Überraschung zu Studienbeginn meist noch größer, was eventuell damit zusammenhängt, dass Körper und Psyche häufig noch als Gegensätze gedacht werden, dabei sind die Überschneidungen zwischen Psychologie und Biologie immens. Biopsychologische Fragestellungen sind zum Beispiel: Was passiert im Gehirn, wenn wir belohnt werden? Wo setzen Psychopharmaka bei Depressiven an? Welche Gene beeinflussen, ob wir alkoholabhängig werden? Wie funktionieren

---

6 Quelle: Jonas, Klaus; Stroebe, Wolfgang; Hewstone, Miles (Hrsg.), Sozialpsychologie – Eine Einführung

unsere Sinneswahrnehmungen? Welches Hormon beeinflusst unser Bindungsverhalten? Warum führen Schlafmittel langfristig zu Schlaflosigkeit?

Biopsychologie im Studium

Um Fragen wie die oben genannten beantworten zu können, bleibst Du im Psychologiestudium nicht davor verschont, Dich mit so grundlegenden Dingen wie der Impulsweiterleitung an Synapsen, dem Aufbau des Gehirns, der Funktionsweise des Immunsystems und Ähnlichem zu beschäftigen. Oder anders formuliert, Du darfst Dich während Deines Studiums damit beschäftigen, denn wenn es Dir liegt, kann das Thema unglaublich spannend sein.

Anders als Statistik kannst Du das Kapitel Biopsychologie häufig mit Bestehen des Biopsychologiemoduls weitestgehend abschließen. In der Klinischen Psychologie wird Dir vieles wiederbegegnen und auch in anderen Bereichen wirst Du ab und an auf Dein Wissen zurückgreifen müssen. Durch die Fortschritte in der Hirnforschung und Genetik wird die Biopsychologie immer populärer und wichtiger. Du wirst nichts sezieren müssen, Bio-Leistungskurs schadet nicht, aber ist auch absolut nicht nötig und falls Dich das Thema nicht so mitreißt, steckst Du dennoch ein bisschen Mühe rein und hakst es möglichst schnell ab.

ENGLISCHE FACHLITERATUR

Wie inzwischen in den meisten Wissenschaften sind fast alle aktuellen Veröffentlichungen auf Englisch. Die meisten Lehrbücher stehen zwar auf Deutsch zur Verfügung, aber Du wirst auch ständig aktuelle Studien lesen müssen. In vielen Seminaren muss man Referate halten und die zu recherchierende Literatur ist fast ausnahmslos auf Englisch. Einigermaßen gutes Schulenglisch ist eine ausreichend solide Grundlage. Aufgrund ähnlicher Formulierungen und einem fachspezifischen Vokabular, das Du nicht nur im Englischen, sondern auch im Deutschen neu erlernen musst, wird Dir das Lesen bald immer leichter fallen. Rechne damit, dass Du Dich durch die ersten Texte eventuell mühsam mit dem Wörterbuch kämpfen musst und plane dafür mehr Zeit ein.

2.7
NEIGUNG UND EIGNUNG – PASST EIN PSYCHOLOGIESTUDIUM ZU MIR?

Auf den vorangegangen Seiten hast Du schon jede Menge Informationen bekommen, die bei Deiner Entscheidung für oder gegen ein Psychologiestudium eine Rolle spielen sollten. In diesem letzten Abschnitt geht es nun darum, wie Du dieses Wissen geschickt für Deine Entscheidungsfindung nutzen kannst und welche weiteren Quellen Dir zur Verfügung stehen.

DIE RICHTIGEN ERWARTUNGEN AN DAS STUDIUM

Um einen Einblick in das Studium zu bekommen, kann es hilfreich sein, schon vor der Studienplatzbewerbung ein Psychologielehrbuch zu kaufen oder auszuleihen. Ich habe damals vor Studienbeginn im Überblickslehrbuch von Zimbardo und Gerrig gelesen und es als einen sehr guten Einstieg empfunden. So kannst Du schon einmal ausprobieren, ob Dir das Vorgehen und die Art wie Psychologen denken, überhaupt liegt. Einige Buchempfehlungen findest Du in Kapitel 13 *Weiterführende Informationen.*

Wie groß Dein Interesse an Psychologie ist – schließlich muss es für mindestens drei Jahre Studium reichen – kannst Du auch im Alltag antesten: Welche Artikel liest Du in der Zeitung besonders gern? Schaust Du Dir gern TV-Dokumentationen zu psychologischen Themen an? Psychologische Befunde sind in den Medien oft verzerrt dargestellt und klingen dadurch häufig deutlich spektakulärer als das tatsächliche wissenschaftliche Ergebnis. Aber wenn Dich noch nicht einmal diese Berichterstattung interessiert, ist das ein gutes Zeichen, dass Dein Interesse an psychologischen Themen nicht ausreichend stark ist.

SELF-ASSESSMENTS

Um herauszufinden, ob Du den Anforderungen des Psychologiestudiums gewachsen bist, können sogenannte **SELF-ASSESSMENTS** hilfreich sein, die von einigen Universitäten im Internet angeboten werden. Dort werden nämlich nicht nur Deine Interessen abgeklärt, sondern Du musst auch kleine Aufgaben bearbeiten, die zeigen, ob Du über die Fähigkeiten und Fertigkeiten

verfügst, die für ein erfolgreiches Psychologiestudium nötig sind. Natürlich ist es nicht sinnvoll, Deine Studienentscheidung an ein Testergebnis abzutreten, aber es kann Dir als ein guter Hinweis dienen. Einige Beispiele:

▶ **www.global-assess.rwth-aachen.de/rwth/tm/**

▶ **www.psychologie.uni-frankfurt.de/Self-Assessment_-_Psychologie/index.html**

▶ **www2.sowi.uni-mannheim.de/dekanat/self-assessment/index.php**

3
STUDIENPLATZBEWERBUNG UND DIE WAHL DER RICHTIGEN HOCHSCHULE

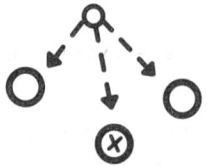

Du bist Dir sicher, dass Psychologie der richtige Studiengang für Dich ist? Damit ist ein wichtiger Schritt geschafft und Du kannst Dich darum kümmern, wie Du einen Studienplatz bekommst. Das ist leider nicht ganz so einfach. Rund 30.000 Abiturienten bewerben sich jedes Jahr auf knapp dreitausend Studienplätze für Psychologie.[7] Weil die Nachfrage das Angebot bei Weitem übersteigt, ist Psychologie ein sogenannter örtlich zulassungsbeschränkter Studiengang oder auch Numerus-clausus-Studiengang. Du kannst Dich also nicht einfach einschreiben, sondern musst Dich um einen Studienplatz bewerben. In diesem Kapitel gibt es Infos zum Bewerbungsprozess und Hilfe bei der Auswahl des Studienplatzes.

---

7 Quelle: www.psychologie-studium.info/index.php?site=3 (abgerufen 29. Mai 2013)

3.1
DIE BEWERBUNG

Früher musste man sich für einen Psychologiestudienplatz bei der **ZENTRALEN VERGABESTELLE FÜR STUDIENPLÄTZE (ZVS)** bewerben und bekam dann aufgrund verschiedener Quoten und Kriterien einen Studienplatz zugeteilt (allerdings nicht unbedingt dort, wo man ihn gern bekommen hätte – daher der Begriff »ZVS-Opfer«). Vor wenigen Jahren wurde dieses System dann dadurch ergänzt, dass die Hochschulen sich einen Teil ihrer Studenten selbst nach eigenen Kriterien aussuchen durften, um ihr Profil zu schärfen. Dadurch wurde das Bewerbungsverfahren nicht nur deutlich unübersichtlicher und zeitaufwändiger, sondern es führte auch dazu, dass einige Bewerber gleich mehrere Zusagen von verschiedenen Unis erhielten. Die nicht angetretenen Studienplätze wurden dann in zeit- und nervenraubenden Nachrückverfahren besetzt und so mancher Student saß erst irgendwann im November endlich im Hörsaal.

Um diesem Problem beizukommen, wird jetzt gerade die ZVS 2.0. entwickelt. Sie trägt den klingenden Namen **HOCHSCHUL-START.DE**. Leider verzögert sich die flächendeckende Einführung seit Jahren (und nur, wenn alle Hochschulen sich daran beteiligen, ist diese Einrichtung wirklich sinnvoll) und aufgrund zahlreicher Probleme bei der Umsetzung übernehmen die Hochschulen die Studienplatzvergabe für das Fach Psychologie bislang lieber komplett selbst. Die Nachteile für Dich liegen auf der Hand:

- Du musst lauter einzelne Bewerbungen verschicken und Dich bei jeder Bewerbung wieder genau über Anforderungen und Fristen informieren.

- Wegen der Nachrückverfahren kann es sich sehr lange hinziehen, bis Du endgültig weißt, ob und wo es mit dem Studienplatz klappt.

BEWERBUNG DIREKT BEI DER UNIVERSITÄT[8]

Etwas Allgemeingültiges lässt sich über die Bewerbungsverfahren der einzelnen Hochschulen kaum sagen. Während beispielsweise die Technische Universität Dresden neunzig Prozent der Studienplätze aufgrund der Abiturnote und zehn Prozent aufgrund von Wartesemestern vergibt, hat die Freie Universität Berlin für die Vergabe von sechzig Prozent der Studienplätze ein kompliziertes Punktesystem eingeführt, das das Kriterium Abiturnote ergänzt (beispielsweise geben Mathe- und Bio-LK Extrapunkte). Der Bewerbungsschluss für das Wintersemester ist meist am 15. Juli, aber auch das kann von Uni zu Uni abweichen.

---

8 Der Begriff »Universität« ist, wenn man es ganz genau nimmt, nicht korrekt: Eigentlich sollte es allgemeiner immer »Hochschule« heißen, was explizit Fachhochschulen umfasst. Allerdings finden sich die meisten Psychologiestudenten letztlich an Universitäten wieder.

DIE FOLGENDEN KRITERIEN WERDEN BEI DER BEWERBUNG EINE ROLLE SPIELEN

Die Abiturnote

Ein Teil der Studienplätze wird auf Basis der Abiturnoten vergeben. Dabei werden alle Bewerber nach ihrem Abischnitt sortiert und je nach Anzahl der über diese Quote zu vergebenen Studienplätze wird an die Besten zwanzig, fünfzig etc. eine Zusage verschickt. Die Abinote des schlechtesten Bewerbers ist dann der sogenannte **NUMERUS CLAUSUS** (NC). Der NC gibt also an, mit welchem Abischnitt man gerade noch einen Studienplatz bekommen hat. Der NC kann sich folglich in jedem Jahr ändern, denn er bestimmt sich immer wieder neu aufgrund der Anzahl der über die Abiturbestenquote zu vergebenen Studienplätzen und der jeweiligen Abiturnoten der Bewerber. NCs aus vergangen Jahren liefern deswegen nicht mehr als einen Anhaltspunkt. Wer einen Abischnitt von 3,0 hat, sollte sicherlich intensiver über Alternativen und einen Plan B nachdenken als jemand, der einen Schnitt von 1,0 in der Tasche hat. Aber auch mit einem Einser-Schnitt ist eine Bewerbung zumindest bei mehreren Unis ratsam.

Die Wartesemester

Als Wartesemester zählt jedes Halbjahr nach Deinem Abitur, in dem Du nicht an einer deutschen Universität eingeschrieben warst. Dabei spielt es keine Rolle, was Du in der Zeit gemacht hast und auch nicht, wann Du Dich das erste Mal um einen Studienplatz beworben hast. Häufig gibt es neben der

Abiturbestenquote auch eine Quote für Studienplätze, die nur aufgrund von Wartesemestern vergeben werden. Äquivalent zur Vergabe nach Abinote werden die Bewerber auf Basis ihrer Wartesemester in eine Reihenfolge gebracht und die Studienplätze danach vergeben. Die Zahl der Wartesemester gibt also an, wie viele Wartesemester man mindestens angesammelt haben musste, um noch einen Platz zu ergattern. Auch hier gilt das Gleiche wie beim NC: Die erforderliche Anzahl an Wartesemestern kann jedes Jahr unterschiedlich ausfallen. Manchmal geben Unis bei der Zahl der Wartesemester noch einen NC an und beim NC eine Anzahl Wartesemester; NC und Wartesemester haben dann bei der jeweils anderen Quote noch als zweites Kriterium gedient. Lag der NC beispielsweise bei 1,5 und die Wartesemester bei zwei, dann gab es zu viele Bewerber mit einem Abischnitt von 1,5 und es wurden nur diejenigen ausgewählt, die zusätzlich zwei Wartesemester vorweisen konnten.

Andere Auswahlkriterien

Was andere und zusätzliche Auswahlkriterien betrifft, sind der Fantasie der Universitäten keine Grenzen gesetzt. Es gibt Auswahlgespräche, Motivationsschreiben und Auswahltests. So werden an einigen Universitäten bestimmte Noten im Abiturzeugnis (beispielsweise in Mathematik oder Biologie) oder Praktika und Ausbildungen mit psychologischem Bezug besonders gewürdigt. Manchmal vergibt die Universität den Großteil ihrer Psychologiestudienplätze über solche selbstbestimmten Kriterien (beispielsweise die Universität Tübingen),

manchmal nur einen sehr geringen Anteil. Der Vorteil der verschiedenen Verfahren ist, dass Du je nach Uni auch mit einem nicht so berauschenden Abischnitt gute Chancen haben kannst. Der Nachteil besteht in dem hohen Zeitaufwand, den Du bei Deinen Bewerbungen betreiben musst.

Nachrückverfahren

Meist ist ein Nachrückverfahren nötig, um alle Studienplätze zu besetzen. Aufgrund von Mehrfachbewerbungen werden nicht alle Plätze angetreten und diese dann an die jeweils nächsten Bewerber auf der Liste vergeben.

Losverfahren

Studienplätze, die auch nach den Nachrückverfahren übrig bleiben, werden im Losverfahren vergeben. Die Chancen sind hier zwar etwas besser als für einen Sechser im Lotto, aber auch nicht gerade besonders gut. Häufig meldet man sich mit der Bewerbung für einen Psychologiestudienplatz an der entsprechenden Universität auch gleich mit für das Losverfahren an. Es ist sinnvoll, sich nach der ersten Runde Nicht-Zusagen noch mal extra dort zu registrieren und vielleicht auch noch bei weiteren Universitäten. Auf der Seite **www.hochschul start.de/index.php?id=4061** kannst Du erfahren, wo noch Plätze frei sind und Dich von dort auch direkt auf die jeweilige Seite der Universitäten weiterleiten lassen, um Dich für das Losverfahren anzumelden.

Härtefälle

In bestimmten Fällen, zum Beispiel bei Behinderung oder Krankheit, wird man bei der Vergabe der Studienplätze bevorzugt behandelt. Genauere Infos hierzu findest Du unter **www.fu-berlin.de/studium/docs/DOC/sonderantraege. pdf**.

Grundsätzlich gilt: Lass Dich nicht entmutigen und sei bereit, entsprechend viel Zeit in die Bewerbungen zu investieren – der Urlaub nach dem Abi kann auch noch bis Ende Juli warten.

3.2
ALTERNATIVEN ZUM STUDIUM AN EINER STAATLICHEN DEUTSCHEN HOCHSCHULE

Falls es mit dem Studienplatz an einer staatlichen Hochschule in Deutschland nicht klappt, hast Du folgende Alternativen: Ein Studium im Ausland oder ein Studium an einer privaten Hochschule.

STUDIUM IM AUSLAND

Beliebte Ausweichmöglichkeiten sind für Psychologieinteressierte natürlich zunächst das deutschsprachige Ausland, also Österreich und die Schweiz; aber auch die Niederlande, Belgien und England

sind attraktiv, da man dort häufig auf Englisch studieren kann. Da für jedes Land wieder andere Bedingungen gelten, verweise ich hier nur auf eine Internetseite, die einen guten Start für eine Webrecherche bietet: **www.studieren-psychologie.de/13,1, auslandsstudium.html**.

STUDIUM AN EINER PRIVATEN HOCHSCHULE

Immer mehr private Hochschulen bieten Psychologiestudiengänge an. Wenn man das nötige Kleingeld hat, um die Studiengebühren von dreitausend und mehr Euro pro Semester zu bezahlen, ist das sicherlich eine Alternative. Allerdings ist es sehr wichtig, dass man sich ganz genau darüber informiert, ob sich der Studiengang mit den Inhalten eines Studiums an der Uni deckt, ob er akkreditiert (also offiziell anerkannt) ist und ob man sich mit dem dort erworbenen Bachelorabschluss an einer staatlichen Uni um einen Platz im Masterstudiengang bewerben kann. Die Studiengänge an Privathochschulen haben oft einen besonderen Fokus, zum Beispiel Wirtschaftspsychologie. Einen solch spezialisierten Studiengang zu wählen, ist nur sinnvoll, wenn man auch tatsächlich in genau diesem Bereich arbeiten möchte. Hier findest Du eine Übersicht über private Hochschulen, die Psychologiestudiengänge anbieten: **www.studieren-psychologie.de/36,1,65,private_fh. html**.

3.3
DIE WAHL DES STUDIENORTES

Es auf jeden Fall empfehlenswert, sich bei vielen Universitäten zu bewerben, um die Chancen auf einen Studienplatz zu erhöhen. Je schlechter Deine Abiturdurchschnittsnote ist, desto wichtiger ist es, dass Du sehr viele Bewerbungen verschickst. Da sich der NC, die erforderlichen Wartesemester und andere Kriterien jedes Jahr und je nach Hochschule unterschiedlich gestalten, ist es besser, auf Nummer sicher zu gehen. Es ist natürlich nicht sinnvoll, sich einfach an allen deutschen Unis zu bewerben, die Psychologie anbieten, denn so viele Bewerbungen wirst Du in der kurzen Zeit zwischen Abitur und Bewerbungsschluss kaum verschicken kön-nen. Im Folgenden geht es darum, Dir bei der Entscheidung zu helfen, wo Du Dich am besten bewirbst. Falls Du dann zu den Glücklichen zählst, die sich vor Zusagen kaum retten können, hel-fen Dir diese Informationen vielleicht auch dabei zu entscheiden, welchen Studienplatz Du letztlich annehmen sollst.

WELCHE HOCHSCHULEN BIETEN PSYCHOLOGIESTUDIENGÄNGE AN?

Übersichten aller deutschen Hochschulen, die Psychologiestudien-gänge anbieten, findest Du auf den folgenden Seiten:

▶ **www.dgps.de/studium/studienorte/**

▶ **www.hochschulkompass.de/studium/studieren-in-deutschland-die-fachsuche.html**

Bei der Auswahl der für Dich in Frage kommenden Hochschulen und Studiengänge geht es zunächst um ganz grundlegende Dinge wie a) die Art der Hochschule und b) Deinen präferierten Abschluss. Diese Entscheidungen schränken Deine Auswahl gegebenenfalls – beispielsweise, wenn Du unbedingt auf Diplom studieren möchtest – so stark ein, dass Du alle anderen Auswahlkriterien außen vor lassen kannst. Im Anschluss daran folgen weitere (weniger wichtige) Merkmale der Hochschule oder des speziellen Studienganges, die Du berücksichtigen solltest. Zu guter Letzt liste ich Punkte auf, die einen bestimmten Hochschulort für Dich attraktiver oder weniger attraktiv machen können.

ART DER HOCHSCHULE

Psychologie kannst Du an einer Universität oder einer Fachhochschule studieren. Ein Studium an der Universität ist der gängigere Weg und garantiert Dir, dass Du Dich nach Deinem Bachelor auch für einen Master an einer Universität bewerben kannst. Ähnlich wie private Hochschulen bieten Fachhochschulen häufig spezialisierte Bachelorstudiengänge an, ein Beispiel ist der Bachelorstudiengang Rehabilitationspsychologie an der Hochschule Magdeburg-Stendal. Wie auch in anderen Bereichen sind Fachhochschulen praxisorientierter. Leider ist aber der Zugang zu dem größten Berufsfeld, der Klinischen Psychologie, mit einem FH-Bachelorabschluss häufig nicht möglich, da man sich oft nicht für einen universitären Masterstudiengang bewerben kann, der die Zulassungsvoraussetzung für die Ausbildung zum Psychologischen

Psychotherapeuten ist.[9] Ohne diese Therapieausbildung ist es sehr schwierig, im klinischen Bereich Fuß zu fassen. Was hilft eine Praxisorientierung während des Studiums, wenn Du danach nicht in diesem Bereich arbeiten kannst? Falls Du Dich für ein Studium an einer Fachhochschule interessierst, solltest Du Dich daher unbedingt bei den einzelnen Fachhochschulen genau informieren.

Bei Bachelorstudiengängen mit einem Fokus auf Wirtschaftspsychologie lohnt es sich, genau nachzuschauen, wie hoch der Anteil an Psychologie am Gesamtstudium tatsächlich ist. Ist der Anteil im Vergleich zu betriebswirtschaftlichen Inhalten eher gering, sollte man darüber nachdenken, ob es nicht sinnvoller wäre, direkt BWL zu studieren und Psychologie als Nebenfach zu belegen. Damit ist man breiter aufgestellt und der BWL-Abschluss ist im Vergleich zum spezialisierten Bachelorabschluss in Wirtschaftspsychologie in Unternehmen bekannter.

ART DES ABSCHLUSSES

Die Frage danach, welchen Studienabschluss – Diplom oder Bachelor – Du anstrebst, wird zunehmend irrelevant. Der Übergang von Diplom- zu Bachelorstudiengängen ist an den allermeisten Universitäten längst vollzogen. Selbst wenn es noch gelingt, eine Universität zu finden, die einen Psychologie-Diplomstudiengang anbietet (wie etwa die Universität Kiel), ist eine Bewerbung dort nur bedingt zu empfehlen – häufig gibt es Fristen, bis wann das

---

9 Quelle: www.dgps.de/studium/abschluesse/ (abgerufen 29. Mai 2013)

Studium abgeschlossen sein muss, und das Angebot für Diplom-studenten wird deutlich ausgedünnt. Die (vermeintlichen) Vorteile eines Diplomstudienganges fallen gegenüber diesen Nachteilen dann kaum mehr ins Gewicht.

Was ist schlecht am Bachelorstudium? Der größte Nachteil eines Bachelorstudiums ist sicherlich, dass nach erfolgreichem Abschluss eine erneute Bewerbung für einen Masterplatz nötig ist (siehe Kapitel 11.1). Leider garantiert ein Bachelorabschluss keinen Anspruch auf einen Masterplatz – häufig ist dann erneut ein Umzug nötig oder man bekommt überhaupt keinen Master-platz. Die Berufsaussichten für Psychologen, die nur einen Bache-lorabschluss haben, sind nach wie vor eher mau. Zudem ist ein Masterabschluss bislang Voraussetzung für die Zulassung zur Ausbildung zum Psychologischen Psychotherapeuten. Ein Vorteil der Aufteilung in Bachelor- und Masterstudiengänge ist die Chance, sich für einen spezialisierten Masterstudiengang zu entscheiden oder für die letzten Jahre des Studiums doch noch an die Traum-Uni zu wechseln.

Als weiterer Nachteil gegenüber dem Diplomstudiengang wird häufig der permanente Leistungsdruck genannt und die noch stärkere Verschulung kritisiert. Zum Trost für alle unfrei-willigen Bachelorstudenten: Das Diplomstudium mit seinen we-nigen Prüfungen, die dafür aber manchmal den Stoff von zwei Jahren umfassten, war ebenfalls alles andere als ideal. Besonders große Freiheit bei der Auswahl von Seminaren bestand auch nicht und wir mussten uns auch mit Anwesenheitslisten herum-schlagen. Die häufigeren Prüfungen im Bachelorstudium helfen zumindest dabei, die Benotung gerechter zu machen, da eine

einzelne Prüfung (und jeder kann mal einen schlechten Tag haben) weniger stark gewichtet wird.

Trotz der eigentlich von der Bologna-Reform angestrebten Vereinheitlichung von Studiengängen unterscheiden sich die Bachelorstudiengänge teilweise dramatisch und ein Hochschulwechsel während eines Studiums ist bestimmt nicht leichter geworden. Informiere Dich vor Deiner Bewerbung also ausführlich über den jeweiligen Studiengang – beispielsweise dauert der Bachelor in Tübingen statt der sonst üblichen sechs hier acht Semester. Bei der Wahl der von Dir favorisierten Hochschule solltest Du außerdem die folgenden Kriterien berücksichtigen.

DIE GRÖSSE DER HOCHSCHULE
UND DES FACHBEREICHES

Bei der Größe der Hochschule und des Fachbereiches gibt es beträchtliche Unterschiede. Die Spanne reicht von sehr großen Hochschulen, wie die Universität Köln mit rund 45.000 Studenten, bis hin zu sehr kleinen Hochschulen, wie die Universität Hildesheim, die es gerade auf rund sechstausend Studenten bringt. Große Hochschulen bieten den Vorteil eines reichlichen Angebotes für Studenten: Es gibt mehrere Mensen mit einer größeren Auswahl an Speisen, das Sportangebot im Hochschulsport ist vielfältiger und es bestehen meist mehr Partnerschaften mit ausländischen Universitäten. An vielen – häufig chronisch unterfinanzierten – Universitäten ergibt sich allerdings das Problem, dass beispielsweise der Bestand an Lehrbüchern gemessen an der Zahl der Studenten relativ klein ist. Wer gern auch mal in andere Fachbereiche

reinschnuppert, Interesse an – vielleicht auch etwas ausgefalleneren – Sprachkursen hat, viele Menschen spannend findet und sich an Anonymität und Massenabfertigung nicht stört, ist an einer größeren Uni richtig.

Von entscheidender Bedeutung ist zudem die Größe des Fachbereiches Psychologie, die allerdings häufig mit der Größe der Hochschule zusammenhängt. Große Fachbereiche bieten den Vorteil eines vielfältigeren Lehrangebotes, mehr möglichen Betreuern für die eigene Abschlussarbeit und einer größeren Auswahl an Mitstudenten, die man für eine Freundschaft in Betracht ziehen kann. Ein Nachteil kann aber auch die Anonymität sein. Während in kleineren Fachbereichen Professoren häufig fast alle Studenten namentlich kennen, ist der persönliche Kontakt bei sehr vielen Studenten eher seltener. Auch ist der Zusammenhalt unter den Studenten bei kleinen Kohorten meist besser – es bilden sich schneller Freundschaften und man hilft sich gegenseitig bei der Prüfungsvorbereitung, beispielsweise mit weitergereichten Lernskripten.

BESTIMMTE SCHWERPUNKTE DES FACHBEREICHES BEZIEHUNGSWEISE DES STUDIENGANGES

Falls Du schon zu Beginn Deines Studiums weißt, dass Dich ganz bestimmte Teilgebiete der Psychologie besonders interessieren, solltest Du nach Universitäten mit diesem Schwerpunkt Ausschau halten oder gezielt nach einem spezialisierten Fachhochschulstudiengang suchen. Während die Unterschiede in den Grundlagenfächern zwischen Universitäten nicht besonders groß sind, gibt es

ANWENDUNGSFÄCHER, die nur an sehr wenigen Universitäten angeboten werden. **RECHTSPSYCHOLOGISCHE** Veranstaltungen kann man beispielsweise lediglich an acht deutschen Universitäten belegen (FU Berlin, Uni Bonn, TU Braunschweig, Uni Bremen, Uni Erlangen, Uni Gießen, Uni Kiel, Uni Würzburg).[10] Ein weiteres Beispiel für einen besonderen Schwerpunkt ist die **GESUNDHEITSPSYCHOLOGIE**, die auch nicht an allen Universitäten mit einer eigenen Professur vertreten ist. Auf den Seiten **www.dgps.de/studium/studienorte/** und **www.hochschulkompass.de/studium/studieren-in-deutschland-die-fachsuche.html** kannst Du gezielt nach Schwerpunkten suchen.

DEINE CHANCEN BEI DER BEWERBUNG

Wie zuvor erwähnt, können an jeder Universität und in jedem Jahr – in Abhängigkeit von der Anzahl der Bewerber – NC und die erforderliche Anzahl an Wartesemestern unterschiedlich ausfallen. Man sollte sich also auf gar keinen Fall auf die Zahlen des letzten Jahres verlassen und nach dem Motto »Letztes Jahr hätte ich es hier mit meinem Abischnitt locker reingeschafft« nur eine Bewerbung losschicken! Dennoch bieten der NC und die Wartesemesteranzahl des vorangegangenen Jahres zumindest einen Anhaltspunkt wie leicht oder schwierig es wird, an einer bestimmten Uni einen Psychologiestudienplatz zu bekommen. Entsprechende Übersichten findest Du auf den folgenden Seiten:

▶ **www.psychostudium.de/index.php?site=75&action=shownc**

▶ **www.nc-werte.info/studiengang/psychologie/**

10 Quelle: www.dgps.de/fachgruppen/rechts/auwei.html (abgerufen 29. Mai 2013)

Gerade wenn dein Abischnitt nicht so berauschend ist und es vermutlich knapp wird, solltest Du auch weniger beliebte Universitäten in Betracht ziehen oder Dich bevorzugt bei Universitäten bewerben, die andere Kriterien, die Du besser erfüllst, stärker miteinbeziehen.

RANKINGS

Zum Abschluss noch ein Wort der Warnung: In den Medien kursieren immer wieder Hochschulrankings (beispielsweise herausgegeben von der *Zeit*). Diese Rankings sagen nur bedingt etwas darüber aus, wie gut oder schlecht es ist, an den entsprechenden Hochschulen zu studieren. Beispielsweise fließt in die meisten Rankings ein, wie viel und wo die Mitarbeiter der Universität beziehungsweise des jeweiligen Fachbereiches publizieren. Als Student ist es für Dich aber sicherlich entscheidender, dass die Qualität der Lehre gut ist und Professoren und Dozenten sich für ihre Studenten interessieren. Es kann toll sein, bei einem Professor Vorlesungen zu besuchen, der spannende Forschungsprojekte durchführt. Aber nicht selten fehlt dem vielpublizierenden Hochschullehrer dann die Energie und Lust, sich mit seinen Studenten zu beschäftigen. Anders als beispielsweise in den USA ist der gute Ruf einer Universität allein glücklicherweise auch kein Türöffner für spätere Bewerbungen. Deine Chancen auf dem Arbeitsmarkt sehen nicht automatisch dadurch rosiger aus, dass Du an einer sogenannten **ELITEUNIVERSITÄT** studiert hast. Im Umkehrschluss brauchst Du Dir über den eventuell schlechten Ruf einer Universität auch keinen Kopf zu machen. Falls Du dennoch einen

Blick auf die Rankings wirfst, schaue Dir also ganz genau an, wie die Rangliste zustande kam und ob die angewandten Kriterien für Dich überhaupt irgendeine Relevanz haben.

DIE AUSWAHL DES HOCHSCHULORTES

Wenn Du jetzt noch immer unentschlossen vor einer viel zu langen Liste von Universitäten sitzt, helfen Dir vielleicht die folgenden Kriterien bei der Wahl Deines Hochschulortes. Oder hast Du etwa schon Zusagen bekommen und kannst Dich partout nicht zwischen München, Freiburg, Dresden und Hamburg entscheiden? Dann frag Dich am besten mal, was Dir lieber ist: Nah oder fern? Teuer oder günstig? Groß oder klein? Rheinischer Frohsinn oder Berliner Schnoddrigkeit? Meer oder Berge?

Nah oder fern

?

Egal, ob Du lieber noch ein bisschen die Vorteile des »Hotels Mama« genießen möchtest oder es kaum erwarten kannst, möglichst schnell möglichst weit wegzuziehen – das ist vollkommen in Ordnung! Wichtig ist nur, dass Du Dir darüber im Klaren bist, bevor Du wahllos Bewerbungen in alle Himmelsrichtungen schickst. Wenn Du glaubst, dass Dich eine Fernbeziehung mit Deinem Freund todunglücklich machen würde, oder Du unbedingt weiter Deinem geliebten Sportverein treu bleiben möchtest, solltest Du Dich hauptsächlich bei Universitäten in Deiner Nähe

bewerben. Wobei der Plural hier nicht zufällig steht. Nur wenn der Studienplatz auf Deiner Prioritätenliste eindeutig an zweiter Stelle steht, ist es schlau, alles auf eine Karte zu setzen! Wen umgekehrt das Fernweh treibt, braucht sich nicht unbedingt in der Nachbarstadt zu bewerben. Du bist Dir nicht sicher, was Du willst? Hier eine kleine Pro- und Kontra-Liste für nah versus fern:

Nah

Pro: keine Trennung von Familie und Freunden, keine Eingewöhnungsprobleme, zuhause wohnen bzw. einfacherer Umzug

Kontra: weniger Anreize für mehr Kontakte, Langeweile, weniger Unabhängigkeit, Erklärungsnot, wenn man nicht zuhause wohnen will

Fern

Pro: viele neue Leute, größere Unabhängigkeit, spannendes neues Umfeld

Kontra: Einsamkeit, Vermissen von Familie und Freunden, Eingewöhnungsprobleme und fehlende Unterstützung, aufwändiger Umzug

Teuer oder günstig?

Die meisten Studenten schwimmen nicht gerade in Geld. Deswegen lohnt es sich, bei der Auswahl des Studienortes auch die durchschnittlichen Lebenshaltungskosten zu beachten. Der größte Posten hierbei ist die Miete. Und Mietpreise unterscheiden sich

zwischen verschiedenen Städten teilweise erheblich. Laut Deutschem Studentenwerk zahlt man als Student in München, Hamburg und Köln durchschnittlich um die 340 Euro Miete samt Nebenkosten.[11] Über hundert Euro weniger – nämlich mal gerade um die 220 Euro – müssen dagegen Studenten in Jena, Dresden und Chemnitz monatlich hinblättern. Dabei spielt natürlich das grundsätzliche Niveau der Mieten eine Rolle, aber auch die spezielle Nachfrage nach Studentenwohnungen.

Gerade in kleinen Universitätsstädten sind Einzimmerwohnungen oder WG-geeignete Wohnungen Mangelware und damit besonders teuer. Infos dazu gibt es bei den örtlichen Studentenwerken oder auf Immobilienseiten wie **www.wg-gesucht.de** oder **www.immobilienscout.de**. Infos rund um das Thema Wohnen und Finanzen findest Du in geballter Form in Kapitel 5 *Neue Bude, neues Glück? Alles rund ums Umziehen und Wohnen.*

Ein weiterer Faktor, der ein Studium teuer machen kann, sind Studiengebühren. Nachdem es kurz nach einer flächendeckenden Einführung aussah, wurden die entsprechenden Beschlüsse nun nach und nach in immer mehr Bundesländern wieder gekippt. Nach dem aktuellen Stand (Mai 2013) werden die Gebühren für grundständige Studiengänge in Bayern zum WS 2013/14 abgeschafft. In Niedersachen sollen die Gebühren ab spätestens WS 2014/15 nicht mehr anfallen. Für Masterstudiengänge und Langzeitstudierende gibt es meist hochschulinterne bzw. bundeslandspezifische Regelungen.

---

11 Quelle: www.studentenwerke.de/main/default.asp?id=07301
(abgerufen 29. Mai 2013)

Groß oder klein?

Studienorte gibt es in allen Größen. Es macht einen Unterschied, ob Du im gemütlichen Konstanz (ca. 85.000 Einwohner) oder in Deutschlands größter Stadt Berlin (ca. 3,5 Millionen Einwohner) lebst und studierst. Wo Du Dich wohler fühlen wirst, hängt von Deinen persönlichen Vorlieben ab. Überfordern Dich große Städte oder blühst Du im bunten Treiben erst so richtig auf?

Große Städte haben meist ein beträchtliches Angebot an Bars, Clubs, Restaurants, Museen, Kinos und Theatern. Wenn Du gern weggehst oder ein Kulturjunkie bist, ist das natürlich äußerst verlockend. Aber könnte es sein, dass Du es dank Dauerkater fast nie zur Vorlesung schaffen würdest? Sprach Dir der Song *Drei Tage wach* von *Lützenkirchen* schon immer aus der Seele und hast Du nur darauf gewartet, Deinen Alltag entsprechend zu gestalten, frei nach dem Motto: »Erst das Vergnügen, dann das Studium«? Falls ja, wäre die Kleinstadt vielleicht doch die bessere Wahl. Abgesehen davon, dass es in der Kleinstadt leichterfallen kann, sich auf das Studium zu konzentrieren, hat das geringere Angebot an Abwechslung auch noch weitere Vorteile: Aus Mangel an Clubs und Events blüht in kleinen Universitätsstädten oft die WG-Party-Szene! WG-Partys sind nicht nur billiger, sondern haben – zumindest nach meiner Erfahrung – auch mehr Potenzial, sich als »legendär« ins Gedächtnis zu brennen.

In der Kleinstadt wirst Du auf diversen WG-Partys immer wieder die gleichen Gesichter sehen. Bald wirst Du feststellen, dass hier jeder jeden kennt und Klatsch und Tratsch sich mit Lichtgeschwindigkeit verbreiten. Dass Du volltrunken mit dem komischen BWLer rumgemacht hast, lässt sich unmöglich geheim

halten – vier Semester später sorgt das vielleicht noch mal für einen peinlichen Moment in der Schlange vor dem Kino oder für einen Lacher im Biopsychologieseminar. Auf der anderen Seite kann es auch sehr schön sein, wenn man abends einfach in die Bar (genau die eine Bar, die es gibt) gehen kann, weil man dort auf jeden Fall auf bekannte Gesichter trifft. Das kleinstädtische »Jeder-kennt-jeden« sorgt neben einer gewissen Kontrolle eben auch für so etwas wie soziale Wärme – etwas, wonach man in der Großstadt zumindest intensiver suchen muss.

Großstädte sind laut, schmutzig und lebendig; Kleinstädte verschlafen, langweilig und niedlich. Sind Dir Menschenmengen unangenehm? Reicht Dir ein Bus pro Stunde? Magst Du Natur? Ab nach Konstanz. Bekommst Du bei kleinen Fachwerkshäusern Beklemmungsgefühle? Macht es Dir nichts aus, lange in S- und U-Bahn zu sitzen? Magst Du Trubel? Ab nach Berlin.

Rheinischer Frohsinn oder Berliner Schnoddrigkeit?

Neben der Größe Deines Hochschulortes entscheidet auch die umliegende Region darüber, wie wohl Du Dich fühlen wirst. Zwar werden Deine Kommilitonen, Professoren und Dozenten aus ganz verschiedenen Ecken Deutschlands kommen, aber außerhalb des Hörsaals warten sie dann: die Bayern, die Norddeutschen, die Berliner oder die Schwaben! Und ja, wir haben alle mehr gemeinsam, als uns unterscheidet, aber dennoch gibt es Mentalitätsunterschiede zwischen den Bewohnern der verschiedenen Regionen Deutschlands, die man nicht übersehen kann.

Natürlich kann man von jedem eine gewisse Offenheit und Toleranz erwarten und auch der größte Feiermuffel wird drei Jahre Kölner Karneval irgendwie überstehen. Aber wenn es nun darum geht, eine Entscheidung zwischen verschiedenen Studienplätzen zu treffen, die man alle bekommen könnte, kann ein Blick auf die Region sehr hilfreich sein. Gibt es bestimmte Dialekte, die Du sympathischer findest? Traditionen, die Dich besonders ansprechen? Macht es Dir nichts aus, wenn die Menschen zunächst etwas zugeknöpft sind? Oder möchtest Du immer direkt zum Mitschunkeln eingeladen werden? Da in den Klischees zu den regionalen Unterschieden zwar auch viel Wahrheit steckt, sie aber trotzdem nicht zu hundert Prozent stimmen, lohnt ein Wochenendausflug zu den Unistädten, die für Dich in Frage kommen.

Meer oder Berge?

Das ist wirklich ein Luxuskriterium. Du wählst schließlich Deinen Studienort und kein Urlaubsdomizil. Andererseits, gerade wenn Du mehrere Zusagen bekommst, kannst Du es Dir auch leisten, auf Deine weiteren Vorlieben Rücksicht zu nehmen. Der leidenschaftliche Surfer oder die besessene Skifahrerin haben ihre Präferenz für Meer beziehungsweise Berge vermutlich direkt als Erstes bedacht. Aber selbst wenn Du nicht zu diesen Gruppen gehörst – vielleicht gibt es auch für Dich Landschaften, in denen Du Dich wohler fühlst? Schlägt Dir schlechtes Wetter auf die Stimmung, könntest Du in die wärmste Stadt Deutschlands (Freiburg im Breisgau) gehen. Willst Du Schnee im Winter oder Nachmittage am Meer? Ein Studium zu beginnen, ist auch immer ein bisschen »Wünsch-Dir-was« und vielleicht hast Du ja Glück und alles passt.

4
DAS LIEBE GELD –
DIE FINANZIERUNG
DES STUDIUMS

Es tut mir leid, wenn Dich noch niemand vorgewarnt hat und diese Nachricht jetzt etwas überraschend kommt, aber es gibt gute Gründe, den Kindergarten nie erfolgreich abzuschließen und stattdessen lebenslang Sandburgen zu bauen. Neben den Mühen der Studienplatzbewerbung zählt zu diesen Gründen sicherlich auch die leidige Frage nach der Finanzierung Deines Studiums. Um Deinen Sprung ins kalte Wasser etwas erträglicher zu machen, findest Du in diesem Kapitel die wichtigsten Informationen rund um das Thema Finanzierung des Studiums.

4.1
WAS KOSTET EIN STUDIUM?

Pauschal lässt sich diese Frage natürlich nicht beantworten. Deine tatsächlichen Ausgaben hängen beispielsweise von Deinem Studienort ab. Durchschnittliche Kosten und Informationen darüber,

welche Kostenpunkte es überhaupt gibt, helfen Dir aber zumindest, Deine Ausgaben grob abzuschätzen.

Laut der aktuellsten Sozialerhebung des Deutschen Studentenwerkes von 2009 geben Studenten im Monat durchschnittlich 757 Euro aus. Diese Ausgaben setzen sich wie folgt zusammen:[12]

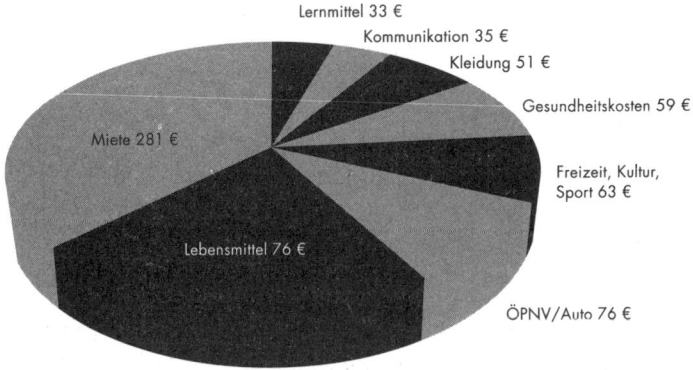

Lernmittel 33 €
Kommunikation 35 €
Kleidung 51 €
Gesundheitskosten 59 €
Miete 281 €
Freizeit, Kultur, Sport 63 €
Lebensmittel 76 €
ÖPNV/Auto 76 €

Die größte Ausgabenposition für Studenten, die nicht mehr zuhause wohnen, ist die Miete mit rund 37 Prozent aller Ausgaben. Nicht nur der Studienort, sondern auch wie Du wohnen willst, macht hier einen großen Unterschied. Im Studentenwohnheim zu wohnen, ist mit durchschnittlich 222 Euro deutlich günstiger als sich für durchschnittlich 341 Euro eine eigene Wohnung zu gönnen. Auch bei den Kosten für Lebensmittel, Freizeit, Kultur und Sport, Kleidung und Kommunikation (worunter Kosten für Internet, Festnetztelefon, Handy und die Fernsehgebühr fallen)

12 Quelle: www.studentenwerke.de/pdf/Kurzfassung19SE.pdf
(abgerufen 29. Mai 2013)

spielen eigene Vorlieben eine entscheidende Rolle. Bei den Angaben des Deutschen Studentenwerkes handelt es sich um Durchschnittswerte – es gibt also sowohl Studenten, die deutlich mehr als auch welche, die sehr viel weniger Geld ausgeben.

Um einschätzen zu können, ob es für Dich eher teurer oder billiger wird, solltest Du Dir die einzelnen Ausgabenposten genau anschauen und beispielsweise beachten, dass der Kostenpunkt ÖPNV/Auto deutlich niedriger ausfällt, wenn Du kein Auto besitzt. An den meisten Universitäten gibt es ein sogenanntes **SEMESTERTICKET**, mit dem man den öffentlichen Nahverkehr sehr günstig nutzen kann. Deine Gesundheitskosten hängen natürlich entscheidend von Deinem Gesundheitszustand ab und davon, ob Du privat oder gesetzlich krankenversichert bist.

Nach eigener Erfahrung würde ich die monatlichen Ausgaben für Lernmittel bei einem Psychologiestudium niedriger als der genannte Durchschnitt ansetzen. Im Psychologiestudium fallen natürlich Kopier- und Druckkosten an, aber zunehmend kann man Folien und Texte auch direkt am Bildschirm lesen und dabei gleichzeitig seinen Geldbeutel und den Regenwald schonen. Manchmal wirst Du es nicht vermeiden können, Dir ein Buch zu kaufen, zum Beispiel wenn die Bibliothek schlecht ausgestattet ist oder alle Studenten gleichzeitig das gleiche Buch brauchen. Dann wird es leider teuer, denn man darf locker über fünfzig Euro für ein durchschnittliches Lehr- oder Fachbuch hinblättern. Allerdings gibt es meist die Möglichkeit, Bücher gebraucht zu kaufen, untereinander zu leihen und sie später selbst wieder zu verkaufen.

Mit diesen Strategien habe ich während meines gesamten Diplom-studiums (also gewissermaßen Bachelor- und Masterstudium zusammen) nicht mehr als rund 180 Euro für Bücher und schätzungsweise um die 120 Euro für Kopier- und Druckkosten ausgegeben – was weniger als sechs Euro pro Monat entspricht.

Die durchschnittlichen monatlichen Ausgaben von nicht zuhause wohnenden Studenten liegen also bei rund 760 Euro. Die meisten Studenten bestreiten ihren Lebensunterhalt nicht nur aus einer einzigen Quelle. Die im Folgenden beschriebenen Wege können sich gegenseitig ergänzen – und müssen es teilweise auch.

4.2
FINANZIERUNGSMÖGLICHKEITEN

ELTERN

Die meisten Studenten (87 Prozent) werden von ihren Eltern finanziell unterstützt und die Mehrheit kombiniert diese Einkünfte mit anderen Finanzierungsmöglichkeiten.[13] Die Höhe von BAföG und auch von den meisten Stipendien hängt unter anderem vom Einkommen Deiner Eltern ab. Soweit es finanziell zumutbar ist, wird von Eltern erwartet, dass sie ihrem Kind für das Erststudium Unterhalt zahlen, sofern dieses Studium zum ersten berufsqualifizierenden Abschluss führt, Du also beispielsweise noch keine

---

13 Quelle: www.studentenwerke.de/pdf/Kurzfassung19SE.pdf
(abgerufen 29. Mai 2013)

Berufsausbildung gemacht hast. BAföG beziehungsweise ein Stipendium sollen diesen Unterhalt dann nur soweit wie nötig ergänzen. Im Extremfall kann das allerdings bedeuten, dass Du wegen des zu hohen Einkommens Deiner Eltern kein BAföG und kein Lebenshaltungsstipendium bekommst. Die meisten Eltern zahlen in diesem Fall, also wenn es ihnen selbst finanziell so gut geht, gern den kompletten Unterhalt, aber es gibt leider auch Eltern, die sich weigern, ihren Kindern überhaupt finanziell beizustehen. Falls Dir Deine Eltern also, obwohl sie wirtschaftlich dazu fähig wären, keinen Unterhalt zahlen wollen, besteht die Möglichkeit, sie zu verklagen. Unter dem Suchbegriff »Unterhaltsanspruch volljähriges Kind« findest Du im Internet Informationen, die Dir in dieser sehr unangenehmen Situation weiterhelfen können. Wenn Du Dich zu so einem drastischen Schritt nicht durchringen kannst, kannst Du zumindest beantragen, dass das Kindergeld – sofern Du noch bezugsberechtigt bist – direkt an Dich ausgezahlt wird. Je nachdem wie viele Geschwister Du hast, sind das im Monat immerhin 184 bis 215 Euro. Weitere Infos zum Kindergeld findest Du auf der Seite **www.studis-online.de/ StudInfo/Studienfinanzierung/kindergeld.php**.

BAFÖG[14]

Das Kürzel BAföG steht für »Bundesausbildungsförderungsgesetz«. Dieses Gesetz regelt alles rund um das BAföG, also die finanzielle Unterstützung von bedürftigen Studenten durch den Staat. Ziel des BAföGs ist es, Chancengleichheit zu schaffen und Studenten

---

14 Quelle: www.bafoeg.bmbf.de/de/372.php (abgerufen 29. Mai 2013)

unabhängig vom Geldbeutel ein Studium zu ermöglichen. Die Hälfte des gezahlten BAföGs muss nach Ende des Studiums – allerdings ohne Zinsen – an den Staat zurückgezahlt werden, die andere Hälfte ist ein Zuschuss.

Wer wird gefördert?

Damit Du BAföG beziehen kannst, muss Dein Psychologiestudium Dein **ERSTSTUDIUM** sein und Du darfst auch noch keine Ausbildung gemacht haben, die durch BAföG hätte bezuschusst werden können. Falls Du vorher schon angefangen hast, etwas anderes zu studieren und das Studium vor Beginn des vierten Fachsemesters abgebrochen hast, ist eine BAföG-Förderung meist noch problemlos möglich. Es sollte natürlich ein wichtiger Grund für den Fachwechsel vorliegen, zum Beispiel, dass das Studium zu schwer war oder es Dir überhaupt nicht gefallen hat. Es geht auch in Ordnung, wenn Du, weil Du zunächst keinen Studienplatz für Psychologie bekommen hast, ein anderes Studium begonnen hast. Allerdings ist es auch wichtig, dass Du alle Bewerbungsmöglichkeiten für Deinen Wunschstudiengang wahrgenommen hast – Dich also jedes Jahr wieder um einen Studienplatz bemüht hast. Außerdem musst Du vorgehabt haben, Dein »Parkstudium« abzuschließen, falls aus dem Psychologiestudium doch nichts geworden wäre. Schlecht sieht es also aus, wenn Du Dich nur pro forma eingeschrieben hast, ohne wirklich zu studieren, nur um das günstige Studententicket zu nutzen.

Außerdem darfst Du bei Beginn des Bachelorstudiums Dein dreißigstes Lebensjahr noch nicht vollendet haben. Aber was wäre

eine Regelung ohne Ausnahmen? In bestimmten Fällen – beispielsweise wenn Du eigene Kinder unter zehn Jahren betreut hast und nicht mehr als dreißig Wochenstunden nebenbei gearbeitet hast – kann diese Altersgrenze auch nach hinten verschoben werden. Mehr Infos dazu findest Du auf der Seite **www.bafoeg.bmbf. de/de/385.php**.

Zudem musst Du die deutsche Staatsangehörigkeit haben, um BAföG zu bekommen, aber auch hier gibt es Ausnahmefälle, die eine Förderung von Nicht-Deutschen erlauben.

In allen kritischen Fällen und insbesondere dann, wenn ein Studium ohne BAföG nicht finanziert werden könnte, lohnt es sich, durch einen Antrag auf Vorabentscheidung schon vor Studienbeginn zu klären, ob die Ausnahmen greifen und man auch tatsächlich BAföG bekommen wird.

Wie viel Geld bekommst Du?

Wenn Du grundsätzliche BAföG-berechtigt bist, hängt die Höhe Deines BAföGs hauptsächlich von den folgenden Faktoren ab:

- ▶ Deinem Einkommen
- ▶ Deinem Vermögen
- ▶ dem Einkommen Deiner Eltern/Lebens- oder Ehepartner
- ▶ ob Du bei Deinen Eltern wohnst
- ▶ ob Du Dich selbst kranken- und pflegeversichern musst
- ▶ wie viele unterhaltsberechtigte Geschwister Du hast

Zu einer groben Einschätzung darüber, ob sich ein BAföG-Antrag für Dich lohnt und wie viel Geld Du zu erwarten hast, verhilft Dir

der BAföG-Rechner auf der Seite **www.bafoeg-rechner.de/ Rechner/.** Wie viel Geld Du letztendlich aber wirklich bekommst, hängt von dem jeweiligen Sachbearbeiter ab. Die machen auch schon einmal ganz offensichtliche Fehler – weswegen man bei zweifelhaften Berechnungen unbedingt nochmals nachhaken sollte.

BAföG-Bedarf

Ganz grundsätzlich funktioniert die BAföG-Berechnung so, dass zunächst Dein BAföG-Bedarf bestimmt wird. Für Studenten an einer Hochschule hängt der Bedarf davon ab, ob man bei seinen Eltern wohnt und ob man selbst Kranken- und Pflegeversicherung bezahlen muss. Daraus ergeben sich dann folgende Beträge:

Bei Eltern wohnend	Nicht bei Eltern wohnend
kein Zuschlag	kein Zuschlag
422€	**597€**
KV- und PV-Zuschlag	KV- und PV-Zuschlag
495€	**670€**

Zusätzlich zu diesen Höchstsätzen kann noch ein Kinderbetreuungszuschlag (113 Euro für das erste Kind, 83 Euro für jedes weitere Kind) hinzukommen.

Von Deinem jeweiligen Bedarfssatz werden dann Dein anzurechnendes Einkommen und Vermögen und das anzurechnende

Einkommen Deiner Eltern oder anderer für Dich unterhaltspflichtiger Personen (Ehepartner, eingetragener Lebenspartner) abgezogen. Was übrig bleibt, landet dann schließlich auf Deinem Konto. Das anzurechnende Einkommen/Vermögen ergibt sich aus dem Einkommen/Vermögen abzüglich der Freibeträge. Welche Freibeträge gelten?

Eigenes Einkommen

Stammt Dein Einkommen aus nicht-selbstständiger Arbeit, kannst Du im Bewilligungszeitraum (zwölf Monate) insgesamt 4.880 Euro verdienen (durchschnittlich 406 Euro pro Monat), ohne dass Dir etwas vom BAföG abgezogen wird. Was darüber hinausgeht, verringert die Summe, die Du ausgezahlt bekommst. Wenn Du Deinen BAföG-Antrag stellst, musst Du abschätzen, wie viel Geld Du in den nächsten zwölf Monaten verdienen wirst. Natürlich kann man das nicht immer genau wissen, aber falls man zu wenig angegeben hat, muss eine Änderung dem BAföG-Amt umgehend mitgeteilt werden. Am Ende des Bewilligungszeitraums wird die Berechnung nochmals auf Grundlage des tatsächlichen Einkommens wiederholt – und wenn sich dann herausstellt, dass Du zu viel bekommen hast, musst Du diesen Betrag zurückzahlen. Falls man Kinder und/oder einkommenslose Ehepartner/eingetragene Lebenspartner hat, gelten noch zusätzliche Freibeträge.

Bei selbstständiger Arbeit oder sonstigem Einkommen ist die Berechnung der Freibeträge komplizierter. Informationen zu diesen speziellen Fällen gibt es unter **www.bafoeg-rechner.de/ FAQ/einkommen.php**.

Eigenes Vermögen

Für Singles ohne Kinder liegt der Freibetrag für eigenes Vermögen momentan bei 5.200 Euro. Bei allem, was darüber liegt, wird von Dir erwartet, dass Du es zur Finanzierung Deines Studiums einsetzt. Deswegen wird dieser Betrag durch die Anzahl der Monate geteilt, für die BAföG gewährt werden soll, und von Deinem Bedarf abgezogen. Zum Vermögen zählt alles, was auf Deinem Konto oder Sparbuch liegt, Wohn- und Grundstückseigentum, Bausparverträge und Lebensversicherungen (auch wenn Du an das Geld momentan gar nicht rankommst), Autos, Bargeld unter der Matratze (oder sonst wo) und Ähnliches. Nicht zum Vermögen zählen beispielsweise Haushaltsgegenstände, Fahrräder und Musikinstrumente und auch der Flachbildfernseher, das High-Tech-Radio und Dein Goldfisch (also Haustiere) interessieren bei der BAföG-Berechnung nicht.

Natürlich könnte man auf die Idee kommen, den Sparstrumpf für die Zeit des Studiums vorübergehend beispielsweise an die kleine Schwester zu vermachen, um das Geld nicht für die Ausbildung ausgeben zu müssen. Verständlicherweise ist das nicht erlaubt. Das BAföG hat nicht das Ziel, für jeden die Kosten eines Studiums zu übernehmen, sondern Menschen zu helfen, die sich ein Studium ohne die Förderung nicht leisten könnten.

Einkommen von Eltern und Co.[15]

Anders als bei Deinem eigenen Einkommen, wo Du eine Prognose abgeben musst, zählt bei Deinen Eltern das Einkommen aus dem vorletzten Kalenderjahr vor der Antragsstellung. Für den Fall, dass das Einkommen im aktuellen Jahr deutlich niedriger ist, kannst Du einen sogenannten Aktualisierungsantrag stellen.

Für die Berechnung des BAföGs ist grundsätzlich immer nur der durchschnittliche monatliche Nettolohn interessant. Grob gesagt ist das das, was Deine Eltern auf ihr Konto überwiesen bekommen (Steuern und Sozialabgaben sind also schon bezahlt). Von diesem Nettolohn werden dann noch folgende Freibeträge abgezogen:

▶ Freibetrag für den Unterhaltspflichtigen selbst: je nach Lebenssituation (verheiratet, zusammen wohnend) sind das ungefähr 800 bis 1.000 Euro und

▶ Freibeträge für andere Personen (zum Beispiel Geschwister), für die Deine Eltern Unterhalt zahlen müssen: je 485 Euro

Von dem, was nach Abzug dieser Freibeträge vom Nettolohn Deiner Eltern noch übrig bleibt, werden nochmals fünfzig Prozent abgezogen (und weitere fünf Prozent für jedes Kind, für das Unterhalt bezahlt werden muss) und dieser Rest ist dann das anzurechnende Einkommen Deiner Eltern. Dieses wird von Deinem BAföG-Bedarf abgezogen. Spannend wird es, wenn zum Beispiel Dein Bruder oder Deine Schwester auch BAföG-berechtigt sind (es ist nicht nötig, dass sie tatsächlich auch einen Antrag stellen) – denn

---

15 Unter »Co.« verstehe ich andere Personen, die für Dich unterhaltspflichtig sind, wie eingetragene Lebenspartner und Ehepartner. Um die Leserlichkeit zu erhöhen (und da es wohl die meisten betrifft), schreibe ich im Folgenden nur noch von »Eltern«, schließe aber ausdrücklich die anderen unterhaltspflichtigen Personen ein.

das anzurechnende Einkommen Deiner Eltern wird durch die Anzahl von BAföG-berechtigten Kindern geteilt und nur dieser Betrag bei jedem einzelnen Kind vom BAföG-Bedarf abgezogen. Nehmen wir mal an, das anzurechnende Einkommen deiner Eltern wären 400 Euro, aber Dein Bruder bekäme auch BAföG, dann würde sowohl bei ihm als auch bei Dir nur die Hälfte, nämlich 200 Euro, vom BAföG-Bedarf abgezogen. Ziemlich kompliziert das Ganze, oder? Allerdings steckt hinter den meisten Regelungen tatsächlich eine sinnvolle Idee und will man die vielen verschiedenen Lebenssituationen berücksichtigen und das Geld einigermaßen gerecht verteilen, dann kommt man an solchen Berechnungsungetümen eben nur schwer vorbei.

Wie lange bekommst Du BAföG?

BAföG wird nur für die Regelstudienzeit (Förderungshöchstdauer) gezahlt. Normalerweise sind das beim Bachelorpsychologiestudium sechs Semester (im Diplomstudiengang neun Semester). In dieser Zeit ist es Dir – theoretisch – möglich, Dein Studium abzuschließen. In die Regelstudienzeit zählen nur die sogenannten Fachsemester, also die Semester, in denen Du tatsächlich studiert hast. In Urlaubssemestern, die Du beispielsweise für ein Praktikum oder einen Auslandsaufenthalt nimmst, bekommst Du kein reguläres BAföG (mehr zum Thema Auslands-BAföG findest Du in Kapitel 10 *Nichts wie weg – Auslandsaufenthalte*) und somit zählen diese auch nicht für die Förderhöchstdauer. In einigen Ausnahmefällen kann die Förderungshöchstdauer auch verlängert werden, beispielsweise bei einer Schwangerschaft oder wenn Du Mitglied im Fachschaftsrat bist und diese Tätigkeit Dein Studium verzögert hat.

Folgeanträge

Üblicherweise wird BAföG für zwölf Monate gewährt (Bewilligungszeitraum). Danach musst Du einen Folgeantrag stellen, um weiterhin BAföG zu bekommen. Es ist sehr wichtig, dass Du diesen Antrag rechtzeitig stellst, mindestens zwei bis drei Monate vor Ende des aktuellen Förderzeitraumes. Schließlich muss der Antrag zunächst bearbeitet werden (und Du eventuell noch Unterlagen nachreichen) und das Geld wird erst wieder gezahlt, wenn Dein Folgeantrag bewilligt worden ist. Zu Semesterbeginn ersticken die zuständigen Sachbearbeiter in Anträgen und wenn Du Pech hast, steckt Dein Konto schon tief in den roten Zahlen, bevor mit Antragsbewilligung endlich wieder Geld dort landet. Immerhin bekommst Du BAföG rückwirkend bis zu dem Zeitpunkt, an dem Du Deinen Antrag gestellt hast. Umgekehrt bedeutet das aber auch, dass es Dich bares Geld kostet, wenn Du Dich erst nach Ablauf des Förderzeitraums dazu aufraffst, Deine Unterlagen einzureichen!

Leistungsnachweise

Spätestens zu Beginn des fünften Fachsemesters musst Du nachweisen, dass Du alle bis dahin erforderlichen Leistungen für Dein Studium erbracht hast und Deinen Abschluss also vermutlich schaffen wirst. Im Diplomstudium musst Du die Vordiplomsprüfungen bestanden haben, während sich im Bachelorstudium die jeweiligen Anforderungen von Uni zu Uni unterscheiden. Welche genau das für Dich sind, steht in Deiner Studien- und Prüfungsordnung, die Du Dir besser schon am Anfang Deines Studiums genauer anschaust. Leistungsnachweise kannst Du auch noch bis

zu vier Monate nach Beginn des fünften Fachsemesters nachreichen, wenn Dir beispielsweise noch das Ergebnis einer Klausur
fehlt. Ärgerlicherweise bewilligt das BAföG-Amt Deinen Antrag
aber erst, wenn alle Leistungsnachweise vollständig sind – reichst
Du einen Leistungsnachweis mit vier Monaten Verspätung ein,
wird auch erst ab dann das Geld überwiesen. Du bekommst das
Geld für die vier Monate zwar nachgezahlt, aber weil Miete und
Essen auch vorher schon bezahlt werden wollen, musst Du Dich
übergangsweise anders finanzieren.

Los geht's – Antrag stellen

Deinen BAföG-Antrag musst Du beim Studentenwerk Deiner
Hochschule stellen. Hier findest Du die Kontaktdaten der einzelnen Studentenwerke: **www.bafoeg.bmbf.de/de/303.php**.

Wie bereits erwähnt, wird BAföG grundsätzlich erst nach ein-
gegangenem Antrag und frühestens ab Beginn des Förderzeitraumes – also Studienbeginn bei einem Erstantrag – gezahlt. Falls
Dein Studium also im Oktober begann, Du den BAföG-Antrag
aber bis November vertrödelt hast und bis zur Bewilligung Deines
Antrages Dezember ist, wirst Du im Dezember zwar auch noch
rückwirkend das Geld für November (Dein Antragsmonat) bekommen, aber nicht für Oktober, obwohl Du da auch schon
studiert hast. Deswegen ist es ganz wichtig, dass Du Deinen
Antrag stellst, sobald Du Dich immatrikuliert hast – damit stellst
Du erstens sicher, dass Du BAföG für den gesamten Zeitraum

bekommst, für den es Dir zusteht, und zweitens wird Dein Antrag dann hoffentlich so rechtzeitig bearbeitet, dass Du das Geld schon auf dem Konto hast, wenn Du davon leben musst.

Für eine zügige Bearbeitung ist es entscheidend, dass Du den Antrag so vollständig wie möglich einreichst. Alles, was belegt werden kann, musst Du auch belegen (Einkommensnachweis, Kontoauszüge, Steuerbescheid Deiner Eltern). Du solltest auch darauf achten, den Antrag sorgfältig und vollständig auszufüllen. Trifft etwas nicht auf Dich zu oder Du hast beispielsweise null Euro Einkommen, dann schreibe Nullen beziehungsweise Striche in die entsprechenden Felder. Der ein oder andere Sachbearbeiter sieht sich sonst genötigt, Dir den Antrag dafür noch mal zurückzuschicken.

Alle für den Antrag nötigen Formulare findest Du im Internet unter **www.bafoeg.bmbf.de/de/432.php**.
An so gut wie allen Universitäten bietet der AStA (Allgemeiner Studierendenausschuss) kostenlose Hilfe bei der Beantragung oder bei sonstigen Problemen mit dem BAföG an.

Rückzahlung

Wie bereits erwähnt, setzt sich das BAföG zu fünfzig Prozent aus einem Zuschuss und zu fünfzig Prozent aus einem zinsfreien Darlehen zusammen, das nach dem Studium an den Staat zurückgezahlt werden muss. Viereinhalb Jahre nach Ende der Förderungshöchstdauer bekommst Du einen Bescheid, der Dich zur Rückzahlung auffordert. Dieser späte Rückzahlungsbeginn soll

sicherstellen, dass Du den Berufseinstieg schon geschafft hast und Du das Geld zurückzahlen kannst. In dem Bescheid steht nicht nur der Betrag, den Du insgesamt zurückzahlen musst, sondern auch die Rückzahlungsraten, also wie viel Du monatlich bezahlen musst, und wann die erste Rate fällig ist. Damit Dir dieser Bescheid problemlos zugestellt werden kann, musst Du das Bundesverwaltungsamt in Köln über Adressänderungen informieren – ansonsten kostet Dich die dann nötige Anschriftenermittlung zusätzlich 25 Euro. Momentan betragen die monatlichen Rückzahlungsraten 105 Euro und müssen vierteljährlich gezahlt werden.

Es gibt noch ein paar gute Nachrichten: Unabhängig davon, wie viel Geld Du tatsächlich bekommen hast, musst Du nie mehr als 10.000 Euro zurückzahlen, das heißt, die Rückzahlungssumme ist bei diesem Betrag gedeckelt.

Wenn Du Deine Darlehensschuld ganz oder auch teilweise auf einen Schlag tilgst – also entweder zu Beginn der Rückzahlungsphase Deine gesamten Schulden begleichst oder zu irgendeinem Zeitpunkt den Rest Deiner Schulden auf einmal bezahlst – musst Du insgesamt weniger zurückzahlen. Dieser prozentuale Nachlass richtet sich danach, wie hoch der Betrag ist, den Du auf einen Schlag zahlst, und lohnt sich besonders bei sehr hohen Beträgen. Beispielsweise werden Dir bei einer Rückzahlungssumme von fünfhundert Euro acht Prozent erlassen (Du zahlst also statt fünfhundert nur 460 Euro), während Du bei zehntausend Euro ganze 28,5 Prozent weniger zurückzahlen musst und so statt zehntausend Euro lediglich 7.150 Euro berappen musst. Es kann sich

also lohnen, direkt nach dem Studium noch ein bisschen sparsam zu leben und von den ersten Gehältern immer etwas zur Seite zu legen. Wenn dann der Rückzahlungsbescheid ins Haus flattert, kann man eventuell gleich seine gesamten BAföG-Schulden mit einem ordentlichen Rabatt begleichen.

Falls der Berufseinstieg nicht – oder nicht so richtig gut – gelingt und Dein Einkommen bei Beginn der Rückzahlungsfrist nicht mehr als 1.070 Euro beträgt, kannst Du eine Freistellung von der Rückzahlung beim Bundesverwaltungsamt beantragen. Wenn Du Kinder oder Deinen Ehepartner mitversorgen musst, liegt der Freistellungsbetrag noch höher.

STIPENDIEN

Eine weitere sehr gute Finanzierungsmöglichkeit ist ein Stipendium. Im Gegensatz zum BAföG oder einem Studienkredit muss man das erhaltene Geld später nicht (auch nicht teilweise) zurückzahlen. Ähnlich wie beim BAföG wird zumeist nur das Erststudium gefördert und die Förderdauer orientiert sich an der Regelstudienzeit. Neben der finanziellen Unterstützung bieten die meisten Stipendiengeber auch noch eine sogenannte **IDEELLE FÖRDERUNG.** Darunter fallen beispielsweise Sprachkurse, Beratungsangebote, das Vernetzen mit anderen Stipendiaten oder die Möglichkeit zur Teilnahme an Seminaren und Workshops. Zudem macht sich ein Stipendium sehr gut in jedem Lebenslauf. Momentan werden in Deutschland nur rund zwei Prozent der Studenten mit einem Stipendium gefördert,[16] aber viele Studenten

---

16 Quelle: www.test.de/Zahlreiche-Chancen-auf-Stipendien-Sponsoren-fuers-Studium-1486257-0/ (abgerufen 29. Mai 2013)

bewerben sich erst gar nicht. Unter Psychologiestudenten ist der Anteil von Stipendiaten aufgrund der meist sehr guten Schulnoten deutlich höher. Einen Versuch ist es auf jeden Fall wert, auch wenn Du für die Finanzierung Deines Studiums unbedingt noch einen Plan B haben solltest. Dann kannst Du eine eventuelle Absage sportlich nehmen und das Auswahlverfahren als »Übungsrunde« verbuchen. Im folgenden Abschnitt werde ich Dir kurz die wichtigsten Stipendiengeber vorstellen und über die jeweiligen Bewerbungsverfahren informieren. Ganz grundsätzlich gilt: Kümmere Dich um ein Stipendium so früh wie eben möglich!

! **Hinweis:** Dir wird auffallen, dass ich dem Thema Stipendien in diesem Kapitel sehr viel Platz einräume. Während die meisten Studenten von BAföG schon etwas gehört haben, fällt das Thema Stipendien leider häufig unter den Tisch. Auch findet man die Informationen nicht kompakt auf einer Seite, sondern muss sich durch unzählige Webseiten quälen, um Bewerbungsfristen und Co. herauszufinden. Diese Arbeit habe ich Dir abgenommen – falls Du über Deinen Abischnitt einen Psychologiestudienplatz bekommst, sind deine Leistungen so gut, dass ein Stipendium auf jeden Fall eine super Finanzierungsmöglichkeit ist. Ich hoffe, dieses Kapitel nimmt Dir die Scheu davor, Dich zu bewerben.

Begabtenförderwerke

Rund ein Drittel aller Stipendien werden von den zwölf großen Begabtenförderwerken vergeben. Diese Stipendien werden überwiegend vom Bundesministerium für Bildung und Forschung finanziert,

weswegen sich die Förderungsbeträge der verschiedenen Begabtenförderwerke nicht voneinander unterscheiden. Die Stipendien setzen sich aus dem **LEBENSHALTUNGSSTIPENDIUM** von aktuell höchstens 597 Euro und dem sogenannten Büchergeld von 150 Euro zusammen (für September 2013 ist eine Erhöhung des Büchergeldes auf 300 Euro geplant).[17] Für das Lebenshaltungsstipendium werden – ähnlich wie beim BAföG – das eigene Einkommen und die finanzielle Situation der Eltern berücksichtigt. Aber selbst wenn man nicht berechtig ist, einen Zuschuss zum Lebensunterhalt zu bekommen, kann sich ein Stipendium noch finanziell lohnen, da das Büchergeld einkommensunabhängig an alle Stipendiaten gezahlt wird. Anders als der Name suggeriert, ist dieser Betrag nicht ausschließlich zum Anschaffen von Büchern gedacht, sondern steht Dir zur freien Verfügung.

Während sich die Bewerbungsverfahren und die ideelle Förderung, also das Angebot ggf. verpflichtender Kurse und Veranstaltungen, von Stipendiengeber zu Stipendiengeber unterscheiden, sind die grundsätzlichen Voraussetzungen ähnlich. Bei allen Begabtenförderwerken sind Deine **SCHULISCHEN LEISTUNGEN** und später **DEINE NOTEN** an der Universität von großer Bedeutung für die Vergabe der Stipendien. Zusätzlich zählt **GESELLSCHAFTLICHES ENGAGEMENT.** Je nach weltanschaulicher Ausrichtung des Stipendiengebers ist dann eher **POLITISCHES ENGAGEMENT, EHRENAMTLICHE ARBEIT** in sozialen Einrichtungen oder der Kirche gefragt. Im folgenden Abschnitt stelle ich Dir die Begabtenförderwerke im Einzelnen vor, eine Übersicht findest Du auch auf der Seite **www.stipendiumplus.de.**

---

17 Quelle: Pressemeldung des BMBF vom 7. Februar 2013,
www.bmbf.de/press/3417.php (abgerufen 29. Mai 2013)

Die Studienstiftung des Deutschen Volkes

Die Studienstiftung des Deutschen Volkes ist das größte der zwölf Begabtenförderwerke mit rund 11.000 Stipendiaten. Sie ist weltanschaulich, politisch und konfessionell unabhängig. Ihr Motto ist „Leistung, Initiative, Verantwortung" und neben guten Noten zählt, dass man vielseitig interessiert und tolerant ist und soziale Verantwortung und Engagement zeigt.

▶ **www.studienstiftung.de**

Für ein Stipendium der Studienstiftung des Deutschen Volkes muss man entweder vorgeschlagen werden oder man bewirbt sich selbst, was allerdings deutlich mühseliger ist. An manchen Schulen ist es üblich, dass der Jahrgangsbeste automatisch bei der Studienstiftung vorgeschlagen wird. Am besten erkundigst Du Dich bei Deinem Oberstufendirektor oder Schulleiter darüber und bittest ihn ggf. darum, Dich vorzuschlagen. Später im Studium hast Du nochmals die Chance vorgeschlagen zu werden. Bei außerordentlichen Leistungen können Dich das Prüfungsamt oder ein Hochschullehrer für ein Stipendium empfehlen. Üblicherweise passiert das im ersten Drittel des Studiums und nicht vor dem zweiten Semester. Ebenso wie an der Schule ist es ratsam, bei Hochschullehrer oder dem Prüfungsamt nachzuhaken, ob sie Dich eventuell vorschlagen würden.

Falls Du nicht vorgeschlagen wirst (und niemanden dazu überredet bekommst), gibt es für Erst- und Zweitsemester die Möglichkeit, sich selbst zu bewerben. Hierfür muss man sich online bis **ANFANG FEBRUAR EINES JAHRES** für einen Auswahltest anmelden, der dann zu einem festgelegten Termin in

einem Testzentrum abgelegt wird. Die Studenten, die bei diesem **TEST ZUR ALLGEMEINEN STUDIERFÄHIGKEIT** am besten abschneiden, sind einen Schritt weiter im Auswahlverfahren. Informationen zum Test und zum Ablauf findest Du unter: **www.studienstiftung.de/studienfoerderung/ selbstbewerbung.html**.

Wichtig zu beachten ist, dass Du für Deine Selbstbewerbung erst einmal in Vorleistung gehen musst: Die Teilnahme am Auswahltest kostet fünfzig Euro (für BAföG-Empfänger und Studenten aus nicht-akademischen Elternhäusern 25 Euro) und auch die Anreise musst Du selbst bezahlen.

Nach erfolgreicher Selbstbewerbung bzw. wenn man für die Studienstiftung vorgeschlagen worden ist, wird man zunächst aufgefordert, einen ausformulierten Lebenslauf einzureichen und wird dann meist zu einem zweitägigen Auswahlseminar eingeladen, das an einem Wochenende stattfindet. Neben zwei Auswahlgesprächen muss man eine kleine Gruppendiskussion leiten und an anderen Diskussionen teilnehmen. Wenige Wochen nach dem Auswahlwochenende wird man dann per Post über seine Aufnahme (oder Nicht-Aufnahme) informiert.

Die Studienstiftung bietet ihren Stipendiaten ein vielseitiges Angebot an Sprachkursen und Sommerakademien und die Möglichkeit, sich für Stipendien zu bewerben, die beispielsweise einen kurzen Auslandsaufenthalt gesondert fördern. Die Vernetzung unter den Stipendiaten und mit Ehemaligen wird über ein Onlineportal, durch regionale Stammtische und durch sogenannte

VERTRAUENSDOZENTEN gefördert. Vertrauensdozenten sind Professoren, die jeweils einer kleinen Gruppe von Stipendiaten zugeteilt sind und mit diesen Treffen organisieren und ihnen beratend zur Seite stehen. All diese Angebote sind nicht verpflichtend – aber sehr zu empfehlen.

POLITISCHE STIFTUNGEN

Sechs der zwölf großen Begabtenförderungswerke sind parteinahe Stiftungen. Zwar muss man nicht zwingend Parteimitglied sein, aber man sollte grundsätzlich mit der politischen Richtung der jeweiligen Stiftung einverstanden und auch politisch interessiert sein.

Friedrich-Ebert-Stiftung

Bei der SPD-nahen Friedrich-Ebert-Stiftung wird besonderer Wert auf politisches und soziales Engagement gelegt. Warst Du vielleicht mal Schulsprecher? Bist Du in der Fachschaft aktiv? Oder Juso-Mitglied? Auch Jugendarbeit und die Mitwirkung in Verbänden und Nicht-Regierungsorganisationen (NGOs) können Dir den Weg zum Stipendium ebenen. Leistung in Form von Schulnoten zählt natürlich auch, aber wer etwas schlechtere Noten durch sehr viel Engagement ausgleichen kann, hat dennoch gute Chancen auf ein Stipendium. Die Friedrich-Ebert-Stiftung betont, dass sie auch den sozialen Hintergrund von Bewerbern berücksichtigt. Wenn Du die Erste in Deiner Familie bist, die studieren will, oder Du zum Beispiel einen Migrationshintergrund hast, wird das Deine Aussichten auf ein Stipendium erhöhen. Ähnlich wie die Studienstiftung des deutschen Volkes bietet auch die Friedrich-Ebert-Stiftung

ideelle Förderung in Form von Seminaren und die Vernetzung der Stipendiaten untereinander. Hier liegt der Fokus auf politischer Bildung und der Vermittlung von Werten, für die die SPD steht. Die Teilnahme an den Einführungsseminaren ist verpflichtend.

▶ **www.fes.de/studienfoerderung**

Man kann sich sowohl als Studienanfänger als auch im Laufe seines Studiums selbst um ein Stipendium bewerben. Studienanfänger müssen bei Studienbeginn im **SOMMERSEMESTER** ihre **BEWERBUNG BIS ZUM 30. JUNI,** bei Studienbeginn im **WINTERSEMESTER BIS ZUM 31. DEZEMBER** eingereicht haben. Voraussetzung für eine Bewerbung zu Studienbeginn ist ein **ABITURSCHNITT VON 2,0 ODER BESSER.** Bei Bewerbungen in späteren Semestern gibt es keine Bewerbungsfristen und auch keinen vorgeschriebenen Abiturschnitt. Allerdings ist eine Bewerbung für Bachelorstudenten nur bis Ende des dritten Semesters, für Diplomstudenten bis Ende des sechsten Semesters möglich.

Der Bewerbungsprozess selbst läuft in drei Schritten ab: Zunächst bewirbt man sich über ein Onlineformular. Schafft man es durch die Vorauswahl, wird man im zweiten Schritt aufgefordert, Lebenslauf, Motivationsschreiben, Bescheinigungen über Noten und zwei Gutachten von Lehrern oder Hochschullehrern einzureichen. Da für den zweiten Schritt nur wenige Wochen vorgesehen sind, lohnt es sich, schon nach dem Ausfüllen des Onlineformulars nach potenziellen Gutachtern Ausschau zu halten. Die meisten Lehrer/Hochschullehrer sind gern bereit, ein Gutachten zu schreiben, wenn sie nett darum

gebeten werden. Deswegen ist es empfehlenswert, sich schon mal strategisch geschickt freiwillig für ein Referat zu melden. Außerdem ist es auch nicht verkehrt, sich ein bisschen über die politische Gesinnung der Gutachter zu informieren – ein strammes CDU-Mitglied drängt sich nicht gerade als Gutachter für die Friedrich-Ebert-Stiftung auf. Nimmt man auch diese Hürde erfolgreich, wird man im dritten Schritt zu zwei Auswahlgesprächen eingeladen. Eines führt man mit einem Mitglied des Auswahlausschusses der Stiftung und eines mit einem Vertrauensdozent aus dem jeweiligen Fachbereich (also bei Dir Psychologie). Nach Angaben der Friedrich-Ebert-Stiftung dauert der gesamte Prozess von Bewerbung bis Zusage drei bis sechs Monate.

Konrad-Adenauer-Stiftung

Die Konrad-Adenauer-Stiftung ist eine CDU-nahe Stiftung, die großen Wert auf politisches Engagement legt. Um von ihr gefördert zu werden, ist es sehr wichtig, dass man mit den Werten und politischen Ansichten der Stiftung übereinstimmt. Nach erfolgreicher Bewerbung ist die regelmäßige Teilnahme an Seminaren zu gesellschaftspolitischen Themen Pflicht und Engagement bei Veranstaltungen der entsprechenden Hochschulgruppen wird erwartet. Ohne echtes Interesse können diese Verpflichtungen schnell unangenehm werden.

▶ **www.kas.de/wf/de/42.34/**

Bewerben kann man sich, **SOLANGE MAN NOCH MEHR ALS VIER SEMESTER STUDIUM BIS ZUR BAFÖG-HÖCHSTFÖRDERUNGSDAUER** vor sich hat (also bis spätestens zum zweiten Semester im Psychologiebachelor, bei geplantem anschließenden Masterstudium bis zum sechsten und im Diplomstudium bis zum fünften Semester).

Die Bewerbung gliedert sich in zwei Schritte: Im ersten Schritt müssen ein Fragebogen ausgefüllt und ein Lebenslauf eingereicht werden. Zusätzlich werden zwei Gutachten benötigt. Ein Gutachten soll Auskunft über Deine fachlichen Leistungen geben und von einem Hochschullehrer oder einem Angehörigen des akademischen Mittelbaus mit abgeschlossener Promotion erstellt werden. Ein weiterer Gutachter soll dann das Persönlichkeitsgutachten schreiben, in dem es um Dein Werteverständnis, Deine Persönlichkeit, Deine Interessen und Dein Engagement geht. Auf Grundlage dieser Unterlagen nimmt die Konrad-Adenauer-Stiftung die Vorauswahl vor. Schafft man es durch die Vorauswahl, wird man zum Auswahlseminar eingeladen. Hier erwartet Dich eine Klausur mit Fragen zur Allgemeinbildung und der Aufgabe, einen Aufsatz zu einem tagesaktuellen Thema zu verfassen. Außerdem musst Du eine Gruppendiskussion zu einer tagespolitischen Frage leiten und in einem Einzelgespräch mit drei Prüfern überzeugen. Zur Dauer des gesamten Bewerbungsprozesses macht die Konrad-Adenauer-Stiftung keine Angabe.

Hanns-Seidel-Stiftung

Wer sich aufgrund seiner politischen Einstellung bei der Konrad-Adenauer-Stiftung gut aufgehoben fühlen würde, kann sich auch bei der CSU-nahen Hanns-Seidel-Stiftung bewerben. Ähnlich wie bei der Konrad-Adenauer-Stiftung ist auch hier bei erfolgreicher Bewerbung die Teilnahme an Veranstaltungen der Stiftung – in nicht unerheblichem Umfang – verpflichtend. Im ersten Jahr muss man beispielsweise an einer mehrtägigen Grundakademie teilnehmen und zusätzlich eine weitere mehrtägige Veranstaltung besuchen, in den darauf folgenden Förderjahren ist nur eine Veranstaltung pro Jahr verpflichtend.

▶ **www.hss.de/stipendium.html**

Eine Bewerbung ist nur möglich, solange man noch **MEHR ALS VIER SEMESTER STUDIUM BIS ZUR BAFÖG-HÖCHSTFÖRDERUNGSDAUER** vor sich hat. Zudem gelten jedes Jahr die **BEWERBUNGSFRISTEN 15. JANUAR UND 15. JULI.**

Neben Lebenslauf und Leistungsnachweisen muss man ein einseitiges Exposé über Studien- und Berufsziele sowie ein Fach- und ein Persönlichkeitsgutachten einreichen. Eine etwas antiquiert wirkende Besonderheit bei der Hanns-Seidel-Stiftung ist, dass sowohl der Lebenslauf als auch das Exposé handschriftlich verfasst werden müssen. Dass die Handschrift für Rückschlüsse auf die Persönlichkeit genutzt wird, ist nicht zu hoffen – gut ausgebildete Psychologen kämen dann sicher aus dem Kopfschütteln nicht mehr heraus! Ist die Vorauswahl geschafft, folgt auch hier ein Auswahlseminar, das eine Klausur

zu Allgemeinwissen, die Leitung einer Gruppendiskussion und ein Einzelgespräch umfasst.

Friedrich-Naumann-Stiftung für Freiheit

Die Friedrich-Naumann-Stiftung für Freiheit steht der FDP nahe. Dementsprechend betont sie neben politischem Interesse ein »liberales und gesellschaftspolitisches Engagement« und erwartet Leistungswillen, Bereitschaft zur Verantwortung und Entschlussfreudigkeit. Ähnlich wie auch bei den anderen politischen Stiftungen werden Noten in die Beurteilung miteinbezogen, aber sind nicht zentral. Da es explizit darum geht, Stipendiaten liberale Grundwerte zu vermitteln, ist auch hier die Teilnahme an Seminaren verpflichtend (mindestens zwei mehrtägige Seminare pro Jahr).

▶ **www.freiheit.org/Foerderung/178c119/index.html**

Bewerben kann man sich sowohl zu Studienbeginn als auch im Laufe des Studiums. Allerdings **NICHT SPÄTER ALS DREI SEMESTER VOR STUDIENENDE** nach Regelstudienzeit. Schließt sich direkt an das Bachelorstudium ein Masterstudium an, wird dieses für die Regelstudienzeit mitgezählt. **BEWERBUNGSFRISTEN SIND DER 15. MAI BZW. DER 15. NOVEMBER.**

Der Bewerbungsprozess gliedert sich in zwei Schritte. Im ersten Schritt werden die Bewerbungsunterlagen eingereicht, die neben Bewerbungsbogen, Lebenslauf, und Leistungsnachweisen zwei Gutachten, die von Professoren oder wissenschaftlichen Mitarbeitern verfasst worden sein müssen, umfassen

(bei Bewerbung im ersten Fachsemester darf eines der Gutachten auch von einem Lehrer stammen; bei Bewerbung vor Studienbeginn sind ein Gutachten von einem Fachlehrer und eine weitere Referenz ausreichend). Bis zum 8. August bzw. 7. Februar erfährt man, ob man es durch die Vorauswahl geschafft hat, und wird gegebenenfalls zur Auswahltagung eingeladen. Im zweiten Schritt muss man auf dieser Auswahltagung in zwei Gesprächen in Hinblick auf seine fachlichen Leistungen, die Persönlichkeit und das zivilgesellschaftliche Engagement gleichermaßen überzeugen.

Heinrich-Böll-Stiftung

Die Heinrich-Böll-Stiftung steht der Partei Bündnis 90/Die Grünen nahe. Neben sehr guten Leistungen, politischem Interesse und gesellschaftlichem Engagement wird erwartet, dass potenzielle Stipendiaten sich für die Themen Ökologie, Nachhaltigkeit, Demokratie, Menschenrechte, Selbstbestimmung und Gerechtigkeit begeistern können. Ähnlich wie auch bei der Friedrich-Ebert-Stiftung wird der soziale Hintergrund der Bewerber berücksichtigt (Migrationshintergrund, Nicht-Akademiker-Haushalt). Zusätzlich bevorzugt die Heinrich-Böll-Stiftung Bewerber, die eines der sogenannten MINT-Fächer (Mathematik, Informatik, Naturwissenschaften, Technik) studieren und sich besonders für Umweltforschung interessieren. Psychologiestudenten können sich aber trotzdem bewerben – und vielleicht mit einem besonderen Interesse an psychologischer Forschung zu oben genannten Themen der Stiftung punkten.

▶ **www.boell.de/stipendien/stipendien.html**

Bewerben kann man sich sowohl vor Studienbeginn als auch **BIS EINSCHLIESSLICH DES DRITTEN FACHSEMESTERS.** Die Bewerbungsfristen liegen jedes Jahr ungefähr Anfang März bzw. Anfang September (die genauen Termine findest Du auf der Homepage, sie ändern sich jedes Jahr).

Der Bewerbungsprozess gliedert sich in drei Schritte. Zunächst müssen online die schriftlichen Bewerbungsunterlagen eingereicht werden. Diese umfassen neben dem Bewerbungsbogen Leistungsnachweise sowie ein Gutachten von einem Hochschullehrer bzw. bei Abiturienten eines Lehrers. Zusätzlich brauchst Du eine Person, die als Gutachter Dein gesellschaftliches Engagement beschreibt und bewertet. Im nächsten Schritt wirst Du zu einem Einzelgespräch mit einem Vertrauensdozenten eingeladen. Fällt das Gutachten aus diesem Gespräch positiv aus, wirst Du im letzten Schritt zu einem Auswahlworkshop nach Berlin eingeladen. Hier musst Du dann noch in einem strukturierten Einzelgespräch und einer Gruppendiskussion überzeugen.

Rosa-Luxemburg-Stiftung

Die Rosa-Luxemburg-Stiftung steht der Partei Die Linke nahe und fühlt sich insbesondere den Werten Demokratie, soziale Gerechtigkeit und Solidarität verpflichtet. Genau wie bei den anderen Stiftungen werden gute fachliche Leistungen und gesellschaftliches oder soziales Engagement gefordert. Hier nennt die Rosa-Luxemburg-Stiftung beispielsweise ehrenamtliche Tätigkeiten mit antifaschistischem, antirassistischem, queer oder feministischem Fokus. Frauen, sozial Bedürftige und Menschen mit Behinderung

haben besonders gute Chancen auf ein Stipendium, da sie bei ansonsten gleicher Qualifikation gegenüber anderen Bewerbern bevorzugt werden.

▶ **www.rosalux.de/studienwerk/stipendienprogramm. html**

Bewerben kann man sich erst **AB DEM ZWEITEN FACH-SEMESTER,** aber spätestens so rechtzeitig, dass man bei Förderbeginn noch mindestens die Hälfte der Regelstudienzeit vor sich hat (bei Diplomstudenten noch mindestens vier Semester Regelstudienzeit). Die **BEWERBUNGSFRISTEN SIND DER 30. APRIL** (Förderung ab Wintersemester) und **DER 15. OKTOBER** (Förderung ab Sommersemester). Bewerbungen werden erst sechs Wochen vor diesen Terminen angenommen.

Der Bewerbungsprozess gliedert sich in drei Schritte. Dabei liegt im Vergleich zu den anderen Begabtenförderungswerken ein besonderer Fokus auf den eingereichten Unterlagen. Neben Lebenslauf und einem Fachgutachten wird eine schriftliche Begründung für die Bewerbung bei der Rosa-Luxemburg-Stiftung und für die Wahl des Studienfaches erwartet. Zudem müssen Nachweise für das gesellschaftliche Engagement und eine benotete Hausarbeit (oder etwas Vergleichbares) beigelegt werden. Nach der Vorauswahl, die die Rosa-Luxemburg-Stiftung betont modern mit »Clearing« bezeichnet, wird man per E-Mail zu einem Auswahlgespräch mit einem Vertrauensdozenten eingeladen. Dieser verfasst dann ein Gutachten, das zusammen mit den zuvor eingereichten Unterlagen als Basis für die

endgültige Entscheidung über eine Aufnahme dient. Über diese Entscheidung wirst Du kurz vor Förderbeginn informiert (also Mitte September oder Mitte März).

RELIGIÖSE STIFTUNGEN

Ähnlich wie bei den politischen Stiftungen gilt auch bei religiösen Stiftungen, dass die fachliche Leistung etwas weniger stark gewichtet, dafür aber erwartet wird, dass man sich mit den Werten der Stiftung identifiziert und sich der jeweiligen Glaubensrichtung zugehörig fühlt.

Cusanuswerk

Das Cusanuswerk ist für die Begabtenförderung der katholischen Kirche zuständig. Dementsprechend musst Du katholischen Glaubens sein, um Dich bewerben zu können. Neben guten Leistungen wird von Dir erwartet, dass Du der katholischen Kirche positiv gegenüberstehst und Dir Dein Glaube wichtig ist. Ehrenamtliche Tätigkeiten in der Kirche und soziales Engagement werden gern gesehen. Laut Webseite des Cusanuswerkes legt man zudem auf Kreativität und Neugierde großen Wert und wünscht sich nachdenkliche, kritisch hinterfragende und verantwortungsvolle Stipendiaten.

▶ **www.cusanuswerk.de/de/foerderung/stipendien/**

Beim Cusanuswerk kann man sich entweder selbst bewerben oder vorgeschlagen werden. Vorschlagen dürfen Dich Dein Schulleiter, Hochschullehrer, Mitarbeiter der Hochschulpastoral

und ehemalige Stipendiaten des Cusanuswerkes. Ob man vorgeschlagen wurde oder sich selbst beworben hat, spielt für den Bewerbungsprozess keine Rolle. Wichtiger ist der Zeitpunkt der Bewerbung: Vorschlag oder Bewerbung sind entweder vor Studienbeginn zur sogenannten **ERSTSEMESTERFÖRDERUNG** oder während des Studiums nach dem ersten Fachsemester (solange man – den Master miteingerechnet – noch mindestens fünf Semester Regelstudienzeit vor sich hat) für das **GRUNDAUSWAHLVERFAHREN** möglich. Erstsemesterförderung und Grundauswahlverfahren unterscheiden sich in Hinblick auf Bewerbungsfristen und das Auswahlverfahren.

Für eine Bewerbung vor Studienbeginn (Erstsemesterförderung) musst Du **BIS ZUM 1. APRIL** einen ausgefüllten Personalbogen und einen ausformulierten Lebenslauf einreichen und das Abizeugnis gegebenenfalls zum 1. August nachliefern. Überstehst Du die Vorauswahl, wirst Du zu einem Bewerbertag im September oder Oktober eingeladen. Diese Bewerbertage finden in größeren deutschen Städten statt und den Bewerbern wird dort in persönlichen Gesprächen auf den Zahn gefühlt. Klappt es mit dem Stipendium nicht auf Anhieb, dann darf man es beim Cusanuswerk auch gern noch mal im Grundauswahlverfahren, also frühestens nach dem ersten Fachsemester, versuchen.

Das Grundauswahlverfahren gliedert sich in drei Phasen. Zunächst muss man sich spätestens bis zum 1. Juli bewerben beziehungsweise vorgeschlagen werden. Mit der Zulassung

zum Grundauswahlverfahren erfährt man dann, welche Unterlagen bis zum 8. Juli für die Vorauswahl elektronisch eingereicht werden müssen. Schafft man es in die Hauptauswahl, die im Wintersemester beginnt, werden weitere Unterlagen (unter anderem zwei Gutachten von Hochschullehrern) benötigt. Wenn Du in je einem persönlichen Gespräch mit einem Referenten der Geschäftsstelle und einem Hochschulseelsorger überzeugt hast, erfährst Du Anfang April, ob Du Dich über ein Stipendium freuen darfst.

Evangelisches Studienwerk Villigst

Das Evangelische Studienwerk Villigst ist das evangelische Pendant zum Cusanuswerk. Dementsprechend wird die Zugehörigkeit zur evangelischen Kirche erwartet. Allerdings zeigt sich das Evangelische Studienwerk Villigst etwas kulanter und bietet die Möglichkeit, in einem Sonderantrag darzulegen, warum man sich auch ohne Kirchenzugehörigkeit genau dort bewerben möchte. Gute Leistungen, eine grundsätzliche Übereinstimmung mit den Werten der Stiftung und gesellschaftliches Engagement werden vorausgesetzt. Im Einklang mit der Erwartung, dass Bewerber vielseitig interessiert sind und gern über den Tellerrand schauen, würdigt das Evangelische Studienwerk Villigst aber gesellschaftliches Engagement in vielen verschiedenen Bereichen. So kannst Du in der Kirche aktiv sein, Dich aber ebenso auch in der Politik oder im sozialen Bereich engagieren oder für den Umweltschutz einsetzen.

▶ **www.evstudienwerk.de/stipendien/studium.html**

Bewerben kann man sich vor Studienbeginn **BIS EINSCHLIESS-LICH DES VIERTEN FACHSEMESTERS**. Für Bewerber, die älter als 35 Jahre sind, oder wenn man sich für sein Zweitstudium um ein Stipendium bewirbt, sind Sonderanträge nötig. Für die Bewerbung wird eine Gebühr von zwölf Euro erhoben. Die Bewerbungsfristen sind der **1. MÄRZ** für das Wintersemester und der **1. SEPTEMBER** für das Sommersemester.

Der Bewerbungsprozess gliedert sich in drei Schritte. Im ersten Schritt müssen Bewerbungsbogen, tabellarischer sowie ausformulierter Lebenslauf, Abizeugnis und Nachweise über eventuell schon erbrachte Studienleistungen eingereicht werden. Zusätzlich muss man noch einen Bericht über das vergangene Schul- bzw. Studienjahr verfassen und darin seine Studienmotivation und Studienwahl erläutern. Zu guter Letzt werden noch je ein Gutachten zur fachlichen Qualifikation und ein Gutachten über gesellschaftliches Engagement erwartet.

Sind Deine Unterlagen überzeugend, wirst Du zu einem Vorauswahlgespräch eingeladen, das dann der Türöffner zur Hauptauswahl ist. Das zweitägige Hauptauswahlverfahren findet jeweils im Februar und Juli im idyllischen Schwerte an der Ruhr im Haus Villigst statt (das Begabtenförderungswerk ist nach dem Haus und das Haus nach dem Stadtteil benannt – da wollte sich jemand wohl nicht unnötig Gedanken machen) und beinhaltet Gruppendiskussionen und ein weiteres Einzelgespräch.

Ernst Ludwig Ehrlich Studienwerk

Beim Ernst Ludwig Ehrlich Studienwerk handelt es sich um das jüdische Begabtenförderungswerk. Dementsprechend ist die Zugehörigkeit zur jüdischen Gemeinschaft erforderlich. Neben sehr guten Noten ist gesellschaftliches Engagement erwünscht und bei erfolgreicher Aufnahme sind regelmäßige Treffen mit den Vertrauensdozenten vorgesehen.

▶ **www.eles-studienwerk.de/index.php?id=27**

Eine Bewerbung ist nur möglich, solange man noch **MINDESTENS FÜNF SEMESTER STUDIUM BIS ZUR BAFÖG-HÖCHSTFÖRDERUNGSDAUER** vor sich hat oder wenn man sich direkt nach dem Bachelorabschluss für einen viersemestrigen Master bewirbt. Die Bewerbungsfristen sind der **1. JULI** (Förderung ab Wintersemester) und der **1. JANUAR** (Förderung ab Sommersemester).

Der Bewerbungsprozess gliedert sich in zwei Schritte. Zunächst musst Du ein Motivationsschreiben, das darlegt, warum Du Dich beim Ernst Ludwig Ehrlich Studienwerk bewirbst, einen ausformulierten Lebenslauf, zwei fachliche Gutachten und die Referenz eines Vertreters einer jüdischen Institution einreichen. Aufgrund dieser Unterlagen wirst Du dann gegebenenfalls zum Auswahlseminar eingeladen, wo Du in einem fachlichen sowie einem persönlichen Gespräch überzeugen musst.

WEITERE STIFTUNGEN

Hans-Böckler-Stiftung

Die Hans-Böckler-Stiftung als Studienförderungswerk des Deutschen Gewerkschaftsbundes (DGB) ist die richtige Wahl für Bewerber, die in einer Gewerkschaft aktiv sind oder sich zumindest stark mit gewerkschaftlichen Werten identifizieren können. Mit dem Ziel, Chancengleichheit zu fördern, werden Arbeitnehmerkinder und Absolventen des zweiten Bildungsweges bevorzugt in die Stiftung aufgenommen. Anders als in vielen der anderen Stiftungen zählt bei der Hans-Böckler-Stiftung ausdrücklich nur gesellschaftspolitisches Engagement. Ergatterst Du ein Stipendium, wird von Dir – ähnlich wie bei einigen politischen Stiftungen – erwartet, dass Du an Seminaren teilnimmst und in der örtlichen Stipendiatengruppen aktiv bist.

▶ **www.boeckler.de/20.htm**

Direkte Bewerbungen bei der Hans-Böckler-Stiftung sind nicht möglich. Eine Ausnahme stellt die sogenannte **BÖCKLER-AKTION BILDUNG** dar, die sich speziell an Schüler richtet, die aufgrund ihrer wirtschaftlichen und sozialen Situation (Migrationshintergrund, nicht-akademisches Elternhaus) ihren Studienwunsch möglicherweise nicht verwirklichen können. Hier ist eine Bewerbung direkt bei der Gewerkschaft sogar schon vor den Abiprüfungen möglich. Ansonsten gibt es zwei Wege zum Stipendium: Für Gewerkschaftsmitglieder läuft die Bewerbung über die Mitgliedsgewerkschaft, während Nicht-Mitglieder sich von einem Vertrauensdozenten oder von der

örtlichen Stipendiatengruppe vorschlagen lassen können. Zum Zeitpunkt der Bewerbung darfst Du noch **NICHT MEHR ALS ZWEI DRITTEL** der üblichen Semesterzahl erreicht haben.

Je nach Zugehörigkeit zu einer der drei Bewerbergruppen und je nach Mitgliedsgewerkschaft verläuft das Auswahlverfahren unterschiedlich. Für alle Bewerber gilt aber, dass sie irgendwann Bewerbungsunterlagen einreichen müssen (weniger umfangreich als bei anderen Stiftungen) und Gespräche mit einem Vertrauensdozenten der Stiftung und der örtlichen Stipendiatengruppe führen. Ganz im Sinne einer gleichberechtigten Mitbestimmung ist die Entscheidung der örtlichen Stipendiatengruppe sehr wichtig und eben nicht nur die Meinung ausgewählter Dozenten oder Referenten wie in den anderen Stiftungen. Ob das Gespräch mit einer Gruppe bewertungshungriger Stipendiaten angenehmer ist, sei mal dahingestellt, aber zumindest handelt die Stiftung tatsächlich gemäß ihrer Grundsätze.

Studienförderwerk Klaus Murmann

Das Studienförderwerk Klaus Murmann gehört zur Stiftung der Deutschen Wirtschaft. Neben guten Noten und gesellschaftlichem Engagement zählen (berufliche) Zielstrebigkeit, Gestaltungswille und Eigeninitiative. Als weitere Schlagworte für das ideale Bewerberprofil nennt die Stiftung außer Allgemeinbildung und sozialer Kompetenz auch Kommunikationsfähigkeit und vernetztes Denken. Nach Aufnahme wird von Dir verlangt, dass Du an Seminaren teilnimmst und mindestens drei Semester in den örtlichen Stipendiatengruppen mitarbeitest.

▶ **www.sdw.org/studienfoerderwerk-klaus-murmann/ stipendien#.UXFQU0q3S5w**

Bewerben kann man sich sowohl vor als auch während des Studiums, solange man noch **MINDESTENS VIER SEMESTER REGELSTUDIENZEIT VOR SICH** hat, wobei Bachelor und Master zusammengefasst werden. Es gilt eine **ALTERSGRENZE VON 31 JAHREN.** Die Bewerberauswahl findet zweimal jährlich statt, die Bewerbungsfristen sind je nach Standort verschieden (siehe Webseite).

Der Bewerbungsprozess besteht aus drei Etappen. Zunächst müssen die Bewerbungsunterlagen beim örtlichen Vertrauensdozenten eingereicht werden. Diese umfassen Bewerbungsbogen, Leistungsnachweise und Zeugnisse (die beglaubigt sein müssen) sowie mindestens ein fachliches Gutachten von einem Lehrer oder Hochschullehrer und ein höchstens einseitiges Motivationsschreiben. Außerdem dürfen natürlich der tabellarische Lebenslauf sowie Nachweise über gesellschaftliches Engagement nicht fehlen. Gefallen dem Vertrauensdozenten die Unterlagen, lädt er Dich zur zweiten Etappe ein – einem circa zwanzigminütigen Vorauswahlgespräch. Wenn das gut verläuft, geht es für die dritte Etappe zu einem zweitägigen Assessment-Center nach Berlin. Die Reisekosten musst Du selbst übernehmen, aber ansonsten entstehen Dir keine Kosten.

Private Stiftungen

Neben den großen Begabtenförderungswerken gibt es noch zahlreiche private Stiftungen, die Stipendien vergeben. Hier zählen ganz unterschiedliche Kriterien für die Auswahl: Leistung, Bedürftigkeit, Engagement, Beruf der Eltern und Herkunft – um nur

einige zu nennen. Einen guten Überblick gibt die Stipendienda-
tenbank von e-fellows oder die Seite des Verbandes Deutscher
Stiftungen. Da die Kriterien oft sehr speziell sind – zum Beispiel
Stipendien nur für Kinder und Enkel von Eisenbahnangestellten –,
ist die Wahrscheinlichkeit, ein passendes Stipendium zu finden,
eher gering. Andererseits sind die Bewerbungen häufig deutlich
weniger aufwändig als bei den großen Stiftungen und die Aussichten aufgrund weniger oder fehlender Mitbewerber sehr gut.

▶ **www.e-fellows.net/STUDIUM/Stipendien/**
  Stipendien-Datenbank/Stipendium-suchen-finden
▶ **www.stiftungen.org/index.php?id=1092**

Deutschlandstipendium

Deutlich weniger attraktiv als die zuvor aufgeführten Stipendien,
aber immerhin ein nettes Zubrot, ist das Deutschlandstipendium.
Hier bekommt man dreihundert Euro monatlich. Davon lässt es
sich natürlich nicht leben, aber dafür wird dieser Betrag unabhängig vom sonstigen Einkommen (wie beispielsweise dem BAföG)
und dem Einkommen der Eltern gezahlt. Die Vergabe der Stipendien übernehmen die einzelnen Universitäten, die das Auswahlverfahren individuell gestalten. Am besten erkundigst Du Dich
darüber direkt bei der Immatrikulation oder auf der Internetseite
Deiner Universität. Als grundsätzliche Voraussetzungen nennt das
Bundesministerium für Bildung und Forschung neben schulischen
Erfolgen auch gesellschaftliches Engagement. Besonders berücksichtigt werden zudem »biografische Hürden«, beispielsweise ein
Migrationshintergrund, Krankheit, Behinderung oder besondere
familiäre Belastungen, wie etwa die Pflege von Angehörigen.

▶ **www.deutschland-stipendium.de**

STUDENTENJOBS

Eine weitere gute Möglichkeit, Dein Studium zu finanzieren oder Dir zumindest finanziell ein bisschen Luft zu verschaffen, sind Studentenjobs. Studentenjobs zeichnen sich dadurch aus, dass sie wenig Vorkenntnisse erfordern oder eben solche, die man als Student sowieso mitbringt (beispielsweise der Umgang mit Word). Außerdem sind sie nicht als Vollzeitjobs gedacht und was den Arbeitsumfang betrifft häufig auch sehr flexibel. Studentenjobs gibt es in allen möglichen Tätigkeitsbereichen – ob als Burger-Brater oder Aushilfsbriefträger oder doch lieber als Hostess auf einer Messe. Sie unterscheiden sich in Hinblick auf die körperliche und geistige Herausforderung, den Spaßfaktor und den Prestigegewinn für den Lebenslauf. Und natürlich ganz entscheidend: in Bezug auf die Bezahlung. Wenn Du Dich nach einem Studentenjob umschaust, solltest Du Dich selbst vorher fragen, was Dir besonders wichtig ist und was Dir besonders gut liegt. Wer gern lange ausschläft, sollte nicht in einer Bäckerei anheuern und wer zum Stolpern neigt, ist als Kellner falsch. Die folgende Tabelle soll Dir ein paar Anregungen geben, welche Kriterien Dir wichtig sein könnten und welche Studentenjobs es gibt:

Mögliche Jobs für dich

Du willst ...

• • • dein Wissen aus dem Studium anwenden: **studentische Hilfskraft (nicht unbedingt nur an der Uni), Tutor**

... lieber mal ganz wenig denken: **Personenzähler, zum Beispiel für die Bahn, Zeitungen austragen**

... nur ab und an etwas verdienen: **Nachhilfelehrer, Babysitter, Inventurhelfer, Promoter, Korrekturleser, Mysteryshopper**

... gern nachts und am Wochenende arbeiten: **Kellner, Küchenhilfe, Kartenabreißer im Kino**

... eine geregelte Tätigkeit: **Kassierer im Supermarkt, Rezeptionist, Mitarbeiter im Call-Center**

... nur in den Semesterferien arbeiten: **Fließbandarbeiter, Erntehelfer**

... kurze Anfahrtswege: **Hilfskraft in der Unibibliothek, Trainer im Unisport**

... dich bewegen: **Aushilfsbriefträger, Umzugshelfer, Aerobictrainer**

... schon einmal Berufslust schnuppern: **studentische Hilfskraft in einer Unternehmensberatung, Bürokraft in einer Therapeutenpraxis**

Entsprechende Stellenangebote findest Du am Schwarzen Brett und auf der Internetseite des Allgemeinen Studentenausschusses Deiner Universität oder auf einem der vielen Studentenjobportale. Von vielen Jobs erfährt man auch über Mundpropaganda oder wenn man aufmerksam durch die Stadt läuft und auf entsprechende Aushänge achtet.

▶ **www.studentjob.de**
▶ **www.jobmensa.de**

Studentische Hilfskraft und Tutor

Ein Job als studentische Hilfskraft oder Tutor ist bei Studenten besonders beliebt, weswegen ich Dir dazu noch ein paar zusätzliche Informationen geben möchte. Was macht diese Studentenjobs so attraktiv? Zuerst einmal befindet sich Dein Arbeitsplatz da, wo Du sowieso immer hin musst: an der Uni. Und weil Deine Chefs selbst an der Uni arbeiten, wird auf den speziellen Lebensrhythmus von Studenten, bestimmt von Klausurphasen und Semesterferien, meist ganz selbstverständlich Rücksicht genommen. Zudem ist es häufig von Vorteil, Professoren besser kennenzulernen. Nicht weil die Benotung dann besser ausfällt, sondern weil man direkt einen Ansprechpartner hat, der bereitwillig ein Gutachten oder Empfehlungsschreiben aufsetzt. Da es häufig zu Deinen Aufgaben gehört, die wissenschaftlichen Mitarbeiter bei der Literaturrecherche zu unterstützen, beherrschst Du das bald mit links und kennst Dich in der Bibliothek sehr gut aus. Das wird Dir für Hausarbeiten und später für die Bachelorarbeit sehr nützlich sein. Außerdem lernst Du als studentische Hilfskraft viel über wissenschaftliches Arbeiten – häufig mehr als in den regulären Kursen,

zumindest idealerweise. Manche studentischen Hilfskräfte perfektionieren auch nur ihre Kopierfähigkeiten und bekommen einen Tennisarm vom Dateneingeben. Dann solltest Du darüber nachdenken, Dich nach einem Semester wieder zu verabschieden und nach einem anderen Job Ausschau halten.

Viele studentische Hilfskräfte arbeiten als Tutoren. Tutoren begleiten eine Vorlesung und bieten den Studenten, die diese Vorlesung besuchen, zusätzliche Unterstützung an. Häufig bedeutet das, dass sie in einem extra Kurs einmal wöchentlich den Stoff der Vorlesung noch mal durchgehen oder beispielsweise Statistikaufgaben mit den Studenten besprechen. Auch regelmäßige Sprechstunden und das (Vor-)korrigieren der Klausuren gehören meist zum Aufgabenbereich der Tutoren. Abgesehen davon, dass es großen Spaß machen kann, anderen Studenten etwas zu erklären, wiederholst Du ganz nebenbei natürlich auch selbst den relevanten Lernstoff. Du lernst also gewissermaßen gegen Bezahlung.

Das klingt nach dem perfekten Job für Dich und Du willst nur noch wissen, wie Du ihn bekommst? Oft sprechen Professoren Studenten direkt an, die ihnen geeignet erscheinen, oder sie schreiben die Stellen offiziell aus. Es schadet aber auch nie, einfach nachzufragen.

STUDIENKREDITE

Falls alle bisher aufgezählten Möglichkeiten für Dich nicht in Frage kommen oder das Geld trotzdem nicht reicht, kannst Du einen Studienkredit in Betracht ziehen. Da man für das geliehene Geld

später nicht ganz unerhebliche Zinsen zahlen muss, sollte man sich diese Entscheidung wirklich reiflich überlegen. Kredite zu günstigeren Konditionen als die meisten Banken bieten, gibt es bei der Kreditanstalt für Wiederaufbau – hier bürgt der Bund für Dich. Informationen zu Studienkrediten findest Du unter anderem auf den Seiten **www.bafoeg.bmbf.de/de/110.php** und **www.studienkredit.de**.

EXKURS: KRANKENKASSE[18]

Als Student musst Du krankenversichert sein. Bis zu Deinem 25. Geburtstag bist Du als Student über Deine Eltern familienversichert, es sei denn, das Studium ist nicht Deine Hauptbeschäftigung. Wenn Du während des Semesters mehr als zwanzig Stunden pro Woche arbeitest, Du während der Semesterferien für mehr als 26 Wochen in einem Zeitraum von zwölf Monaten mehr als zwanzig Stunden wöchentlich arbeitest oder aufgrund eines Jobs ein regelmäßiges monatliches Einkommen von mehr als 450 Euro hast, musst Du Dich selbst versichern.

Sind Deine Eltern Beamte und warst Du bislang über sie mitversichert? Dann musst Du Dich zu Beginn des Studiums entweder von der Versicherungspflicht befreien lassen oder Dich in der gesetzlichen Krankenkasse selbstständig als Student versichern. Lässt Du Dich von der Versicherungspflicht befreien, bist Du, solange Du studierst und unter 25 bist, weiterhin über Deine Eltern privatversichert. Das ist zunächst sehr bequem, aber kann sich

---

18 Quellen: www.studis-online.de/StudInfo/Versicherungen/krankenversicherung.php und www.jobmensa.de/faq-studenten/allgemeine-informationen/versicherungen/krankenversicherung (abgerufen 29. Mai 2013)

später als unangenehme Fehlentscheidung entpuppen. Mit der Befreiung von der Versicherungspflicht verlierst Du nämlich gleichzeitig das Recht, Dich in der gesetzlichen Krankenkasse zu versichern. Erst über einen sozialversicherungspflichtigen Job kannst Du es wieder in die gesetzliche Krankenkasse schaffen. »Na und?«, denkst Du jetzt vielleicht. Es ist zwar anstrengend, so weit in die Zukunft zu denken, aber es gibt einige nicht ganz unrealistische Szenarien: Falls Du es nicht schaffst, Dein Studium bis 25 abzuschließen, Du im Anschluss an das Studium nicht direkt einen (sozialversicherungspflichtigen) Job findest, Dich zunächst selbstständig machst oder finanziert durch ein Stipendium promovierst, hast du leider ein echtes Problem! Während die gesetzliche Krankenkasse Deine Einkommenssituation berücksichtigt und sehr günstige Tarife für Studenten anbietet, kann es in der privaten Krankenkasse wirklich teuer werden. Über dreihundert Euro an die Krankenkasse zahlen zu müssen, ist nicht schön, aber wenn man zeitgleich nichts verdient, macht das noch weniger Spaß!

5
NEUE BUDE, NEUES GLÜCK?
ALLES RUND UMS UMZIEHEN
UND WOHNEN

Dein Studienplatz ist Dir sicher und einen Plan zur Finanzierung hast Du auch? Dann gilt es jetzt, die nächste Hürde zu nehmen und nach einer Unterkunft zu suchen.

WOHNHEIM, WOHNGEMEINSCHAFT ODER ALLEIN?

Wenn Du von zuhause ausziehst, stehst Du vor der Entscheidung, ob Du im Studentenwohnheim, einer Wohngemeinschaft (WG) oder allein wohnen möchtest. Zunächst einmal unterscheiden sich diese drei Alternativen in Bezug auf ihre Kosten. Das klassische Wohnheimzimmer, wo Du Dir Bad und Küche mit mehreren anderen Studenten teilst, ist dabei die günstigste Variante. Am teuersten wird es in der Regel, wenn Du allein wohnen möchtest, während die Kosten für ein WG-Zimmer irgendwo dazwischen liegen. Das ist allerdings nur eine grobe Daumenregel. Das WG-Zimmer in zentraler Lage direkt gegenüber der Uni kann den Geldbeutel deutlich stärker belasten als das Einzimmerappartement am Stadtrand. Im Folgenden stelle ich Dir die drei Alternativen genauer vor.

5.1
STUDENTENWOHNHEIM

Studentenwohnheime werden meist von den Studentenwerken betrieben und bieten Studenten guten und günstigen Wohnraum. Klassischerweise bekommst Du ein (teil-)möbliertes Zimmer und nutzt Bad und Küche gemeinsam mit anderen Studenten. Je nach Organisation des Wohnheimes kann dann schon mal echtes Campingplatz-Gefühl aufkommen: Im schlechten Sinne, weil man den Weg zum kaum geputzten Bad nur bewaffnet mit einer eigenen Rolle Toilettenpapier antritt. Und im guten Sinne, weil man ganz entspannt in Jogginghose im Kreise einer Horde kochwütiger bis angetrunkener Studenten in der Küche hantiert. Neben diesem klassischen Studentenwohnheim gibt es inzwischen vielfältige Variationen: Manche Studentenwohnheime bieten ein Bad auf dem Zimmer, andere haben WG-artige Wohneinheiten für vier bis fünf Studenten und in der Luxusversion werden winzige Einzimmerappartements vermietet.

Das klassische Wohnheim – und mit Abstrichen die anderen Varianten – haben den Vorteil, dass Du schnell und unkompliziert neue Leute kennenlernst. Irgendjemand auf Deinem Flur wird Dir schon einen Schraubenzieher leihen können, wenn Dein Fahrrad auseinanderfällt und die viel zu große Portion Nudeln findet garantiert einen dankbaren Abnehmer. Auch wenn Dir gerade die Decke auf den Kopf fällt oder Dein Freund per SMS Schluss gemacht hat, ist bestimmt jemand in der Küche, der Dir Gesellschaft leistet oder mit Dir Schokoladenorgien veranstaltet. Andererseits feiert auch mit Sicherheit jemand gerade seinen Geburtstag,

wenn Du früh am nächsten Tag eine wichtige Klausur schreibst. Oder lungert in der Küche rum, während Du gern in romantischer Zweisamkeit ein Essen zaubern möchtest. Ganz zu schweigen von dem unbekannten Vielfraß, der heimlich deine Notfall-Tiefkühlpizza verspeist hat (und den gibt es einfach in jedem Wohnheim!).

Das hört sich gut an? Dann solltest Du Dich so früh wie möglich, also sobald Du eine Zusage für einen Studienplatz hast, beim Studentenwerk um einen Wohnheimplatz bewerben. Meist übertrifft die Nachfrage das Angebot deutlich und wer zu spät dran ist, geht leer aus. Da es natürlich für Erstsemester besonders schwer ist, eine Unterkunft zu finden, gibt es oft Regelungen, die die Wohndauer zum Beispiel auf vier Semester begrenzen, um immer wieder Platz für die Neuankömmlinge zu schaffen. Deswegen musst Du Dich eventuell darauf einstellen, während Deines Studiums noch mal umzuziehen zu müssen.

5.2
WG-ZIMMER

Ähnlich wie im Studentenwohnheim kannst Du in einer WG von der Gesellschaft Deiner Mitbewohner gleichzeitig profitieren und Dir den letzten Nerv rauben lassen. Allerdings bestehen Wohngemeinschaften selten aus einer wilden Mischung zusammengewürfelter Bewohner, da meist irgendeine Art von Auswahlprozess stattfindet. Häufig laden die aktuellen Bewohner potenzielle Interessenten ein und testen bei einem Tee oder Bier schon ein-

mal, ob man einander leiden kann und ähnliche Vorstellungen vom Zusammenleben hat. Wenn Du es schon beim ersten Besuch in der Wohnung zu dreckig findest oder Deine zukünftigen Mitbewohner an einem Ordnungs- und Putzwahn zu leiden scheinen – lass es bleiben! Neben dem Punkt Sauberkeit und Putzplan solltet Ihr außerdem unbedingt folgende Punkte abklären:

▶ Gibt es Allergien, Unverträglichkeiten oder ausgeprägte Abneigungen, die das Zusammenleben unmöglich machen? Und da gibt es mehr, als Dir vermutlich spontan in den Sinn kommen – von Katzenhaarallergien über »Ich bin Vegetarierin und in den Kühlschrank darf keine Wurst« bis hin zu Rauchern, die ihre Leidenschaft unbedingt auch in Bad und Küche ausleben müssen.

▶ Seid Ihr eine Zweck-WG, die nur zusammenwohnt, um Geld zu sparen, oder träumt Ihr von gemeinsamen Kochabenden und vorweihnachtlichem Adventskranzbasteln?

▶ Wie viel Besuch – seien es nun Deine sechs besten Freundinnen von zu Hause für ein verlängertes Wochenende oder der aktuelle Lebensabschnittsgefährte als Dauergast – ist für alle in Ordnung?

▶ Habt Ihr ein ähnliches Bedürfnis nach Ruhe? Der ununterbrochen lernende Jurastudent mit blanken Nerven vor dem Staatsexamen und die amüsierwütige Erstsemesterin sind keine Kombination, die Frieden und Harmonie verspricht.

Neben einer grundsätzlichen Übereinstimmung in diesen Punkten sollte vor allem einfach die Chemie stimmen.

Nach einer geeigneten WG suchst Du beispielsweise am Schwarzen Brett Deiner Uni oder auf den entsprechenden Internetportalen. Bei der (Online-)Suche steht auch schon direkt die nächste grundlegende Entscheidung an: Mit wie vielen Menschen möchtest Du demnächst Dusche und Kühlschrank teilen? Und sagt Dir eher eine reine Mädels-WG zu oder hast Du es lieber bunt und riskierst dafür eventuelle Paarbildungen unter Mitbewohnern? Je nachdem, wie angespannt der Wohnungsmarkt an Deinem Studienort ist, bleiben Dir diese Entscheidungen aber auch erspart und Du nimmst schlicht, was Du bekommst. Auf den folgenden Portalen kannst Du nach WGs suchen:

▶ **www.wg-gesucht.de**
▶ **www.studenten-wg.de**
▶ **www.wg-cast.de/wg-ratgeber/wg-gesucht**

5.3
DIE EIGENE WOHNUNG

Du würdest am liebsten allein wohnen? Keine Sorge, auch für angehende Psychologiestudenten ist dieser Wunsch völlig in Ordnung. Und um tief in die Klischee-Kiste zu greifen: Im Gegensatz zum Mathe- und Informatikstudenten hast Du es jawohl auch nicht nötig, Deine Sozialkompetenz mithilfe von Spül- und Putzplandebatten zu schulen! Allein zu wohnen hat den Vorteil, dass

Dir die Nachteile von Wohnheim und WG erspart bleiben. Niemand außer Dir selbst lässt dreckige Teller rumstehen, lädt ständig schrill lachende Freunde ein, futtert nachts Deine Kekse, hängt scheußliche Bilder im Flur auf oder veranstaltet in der Prüfungsphase Partys. Und gerade durch dreckige Teller und verschwundene Kekse kann das Alleinwohnen Dich erstaunlicherweise später besonders dafür qualifizieren, mit anderen Menschen friedlich zusammenzuleben. Erst wer einmal so richtig an sich selbst verzweifelt ist, weil morgens keine einzige saubere Tasse aufzutreiben war und im Biomüll schon neues Leben entstanden ist, lernt, Fehlverhalten auch zwangsläufig bei sich selbst zu entdecken! In einer WG bietet sich stattdessen immer noch jemand anderes als Sündenbock an. Bringt der Neue den Müll nicht noch seltener runter? Und wie konnte er nur so dreist sein, die letzte saubere Tasse zu benutzen, ohne vorher den Geschirrberg abzutragen? Zudem kann man, wenn man allein wohnt, ganz ohne äußeren Druck feststellen, ab welchem Verstaubungsgrad das Unwohlsein so groß wird, dass es über die eigene Faulheit überhand gewinnt. Und wenn man erst einmal erkannt hat, dass das irgendwann passiert, fällt es auch leichter, zu tolerieren, dass diese Schwelle bei anderen Menschen möglicherweise niedriger liegt.[19] Während Du Dich also nicht-staubsaugend selbst findest, kann es in Deiner Einzimmerwohnung allerdings auch sehr einsam werden. Du wohnst schließlich nicht nur allein, wenn gerade alles super läuft und Du jeden Abend in lustiger Gesellschaft um die Häuser ziehst. Gerade bei einem Umzug in eine fremde

---

19 Weswegen es, am Rande bemerkt, höchst riskant ist, mit einem Partner zusammenzuziehen, der diese Erfahrung nie gemacht hat.

Stadt ist es deswegen angeraten, sich gut zu überlegen, ob man nicht zumindest das erste Jahr lieber in erzwungener Gesellschaft verbringt, um sich dann, ausgestattet mit genug neuen Freunden, ins Einzimmerappartement zurückzuziehen.

Wohnungen findest Du auf diversen Onlineimmobilienportalen, über Ebay-Kleinanzeigen (Rubrik: Immobilien) und im Immobilienteil der regionalen Tageszeitungen. Eine gute Strategie ist es auch, bei jeder Gelegenheit zu erzählen, dass man gerade auf Wohnungssuche ist oder einen entsprechenden Hilfeaufruf auf seiner Facebook-Seite zu veröffentlichen. Vielleicht kennt ja jemand jemanden der jemanden kennt und schwupps hast Du eine super Wohnung und Dein Bekannter um drei Ecken endlich einen Nachmieter! Beliebte Onlineportale sind:

► **www.immobilienscout.de**
► **www.immonet.de**
► **www.wg-gesucht.de**

5.4
WORAUF SOLLTEST DU BEI DER SUCHE NACH EINER UNTERKUNFT ACHTEN?

Unabhängig davon, ob Du am liebsten im Wohnheim, einer WG oder einer eigenen Wohnung leben möchtest, gibt es zwei entscheidende Kriterien, die es auf jeden Fall zu beachten gilt: Die Höhe der Miete und die Lage der Behausung. Wie so oft im Leben

kann man nicht alles haben – Du möchtest am liebsten in einer harmonischen WG wohnen, von der aus Uni und Innenstadt fußläufig zu erreichen sind, aber nicht mehr als zweihundert Euro Miete zahlen? Die Chancen stehen nicht schlecht, dass Du bei einem der drei Kriterien Abstriche machen musst. Wie viel Luft man bei der Miete hat, ob man einen langen Weg zur Uni in Kauf nehmen kann oder dann doch lieber ins leicht verwahrloste, aber billige und zentral gelegene Wohnheim zieht, muss jeder letztlich selbst entscheiden.

MIETE UND NEBENKOSTEN

Die Warmmiete umfasst neben der Kaltmiete auch die Kosten für Heizung, Wasser – allerdings manchmal nicht für die Warmwasseraufbereitung – und Sonstiges wie beispielsweise für den Hausmeister. Hinzu kommen die Kosten für Internet, Telefon und Strom.

Die Preise für Internet- und Telefonflatrates liegen momentan bei ungefähr zwanzig bis 35 Euro.[20] Du solltest vor Vertragsabschluss immer unbedingt das Kleingedruckte lesen! Je besser das Angebot zunächst klingt, desto wahrscheinlicher versteckt sich hinter einem der Sternchen, dass Du Dich für die nächsten zwanzig Jahre an den Anbieter bindest, der genannte Preis sich nach den ersten drei Wochen leider verdoppelt, Du Dich für die Anschlussgebühr verschulden musst oder bei zu starker Nutzung die Geschwindigkeit Deines DSL-Anschlusses gedrosselt wird. Wenn Du Dir in Deiner WG einen Internetanschluss teilst, solltet Ihr zudem

---

20 Quelle: www.verivox.de/internet-vergleich/internetundtelefon/
(abgerufen 29. Mai 2013)

absprechen, was passiert, wenn eine Abmahnung beispielsweise wegen des (angeblichen) illegalen Runterladens von Musik ins Haus flattert. Derjenige, auf den der Vertrag abgeschlossen worden ist, muss nämlich letztlich für jede illegale Nutzung des Internetanschlusses haften.

Um einzuschätzen, welche Stromkosten auf Dich zukommen, hilft ein Onlinestromkostenrechner wie **www.verivox.de/ stromkostenrechner**. Er geht je nach Deiner Angabe beispielsweise vom durchschnittlichen Verbrauch eines Einpersonenhaushaltes aus und zeigt Dir dann an, was Du bei den unterschiedlichen Stromanbietern zahlen würdest. Wählst Du nicht aktiv einen Stromanbieter, bist Du automatisch beim Grundversorger, der meist am teuersten ist. Wie auch bei den Internetanbietern ist es sinnvoll, sich die Bedingungen ganz genau anzuschauen. Ist der Tarif wirklich der günstigste oder nur im ersten Jahr, weil ein Wechselbonus abgezogen wird? Für wie lange bindest Du Dich an den Anbieter? Unterstützt Du mit Deiner Wahl Windräder auf der Wiese oder Stromproduzenten aus dem Nach-mir-die-Sintflut-Zeitalter? Auf gar keinen Fall solltest Du auf sogenannte Pakete hereinfallen! Das lohnt sich nur, wenn Du Deinen Stromverbrauch auf die Kilowattstunde genau vorhersagen kannst. Wer weniger verbraucht als vereinbart, bekommt nämlich keinen Cent zurück und wer mehr verbraucht, darf sich auf gesalzene Nachzahlungen freuen!

Schon allein weil sich Dein Stromverbrauch nicht genau vorhersagen lässt, solltest Du grundsätzlich bei der Miete noch einen kleinen finanziellen Puffer einplanen. Ein Winter kann mal etwas länger und kälter ausfallen oder die Preise für Öl und Gas können deutlich steigen und schon erwartet Dich am Ende des Jahres eine saftige Nebenkostennachzahlung. Es erspart Dir viel Stress und schlaflose Nächte, wenn Deine Miete nicht schon an Deiner finanziellen Schmerzgrenze liegt. Dann ist eine leichte Erhöhung zwar ärgerlich, zwingt Dich jedoch zumindest nicht zu einer Nudeln-mit-Ketchup-Diät für die letzten Tage eines Monats.

LAGE

Neben der Höhe der Miete ist die Lage einer Wohnung beziehungsweise eines Wohnheimes ein entscheidendes Kriterium. Nimm Dir die Zeit, beispielsweise mithilfe von Google-Maps und der Webseite Deines örtlichen Nahverkehrsverbundes, herauszufinden, wie weit Dein zukünftiges Heim entfernt ist vom Psychologischen Institut Deiner Uni, der Innenstadt oder der Gegend mit beliebten Bars, Cafés und Clubs und den Einkaufsmöglichkeiten.

Die reine Luftlinie ist natürlich weniger interessant. Wie lange würdest Du zu Fuß brauchen? Mit dem Fahrrad bzw. dem öffentlichen Personennahverkehr? Freue Dich nicht zu früh über eine Bushaltestelle direkt vor der Haustür, bevor Du nicht gecheckt hast, ob der Bus vielleicht nur zweimal täglich fährt. Oder unglaublich lange braucht, weil er einmal durch jede mögliche Straße fährt, bevor er weiter Richtung Uni schleicht. Denk daran, diese dreißig Minuten könntest Du jeden Morgen länger schlafen!

6
DEINE MITSTREITER –
DIE KOMMILITONEN

Nun wirst Du endlich etwas über jene Menschen erfahren, die in den nächsten Jahren in Deinem Leben eine entscheidende Rolle spielen werden: Deine Kommilitonen. Sie werden neben Dir im Hörsaal sitzen, Dir die Seminarplätze vor der Nase wegschnappen und Dich mit ihren Referaten langweilen. Aber Du hast Glück gehabt, denn: Psychologiestudenten sind nett. Und hilfsbereit. Und gesellig. Sozusagen die idealen Leidensgenossen, die sich jeder Erstsemester wünscht. Unter Jurastudenten ist es üblich, dass man die für die Hausarbeit entscheidenden Bücher in der Bibliothek mit Absicht an eine andere Stelle stellt. So verschafft man sich einen Vorsprung gegenüber seinen Kommilitonen, die nichts anderes sind als harte Konkurrenten im Rennen um die besten Noten. Ein Gedanke, der angehenden Psychologen nicht ferner liegen könnte! Liegt es am Numerus clausus, der das Aussieben schon übernommen hat und so alle Überlebenden des Auswahlverfahrens zu einer verschworenen Gemeinschaft macht? Oder ist eine gewisse Grundnettigkeit schon nötig, damit man sich überhaupt für ein Psychologiestudium interessiert? Anstatt nur an ihren eigenen Vorteil zu denken, verstehen sich Deine Kommilitonen als Deine Mitstreiter. Sie werden Dir ihre Mitschrif-

ten schicken und Dir Klausurfragen verraten und Du wirst – hoffentlich! – das Gleiche für sie tun.

ABER SIND DIE NICHT ALLE KOMISCH?

Nein. Das Vorurteil, dass Psychologiestudenten alle selbst therapiebedürftig seien, ist schlicht und ergreifend nicht wahr. Nichtsdestotrotz ist diese Aussage unter den Top-drei-Reaktionen, wenn Du auf Partys erzählst, dass du Psychologie studierst. Die anderen beiden Reaktionen (»Uh, ich sag nix mehr, sonst analysierst du mich!« und »Wow, voll interessant, wollte ich auch studieren, aber ich habe den NC nicht geschafft.«) sind auf Dauer zwar auch irgendwie nervig, aber meistens wenigstens als Kompliment zu verstehen. Natürlich gibt es Psychologiestudenten, die psychische Probleme haben, nur eben auch nicht mehr als in der Restbevölkerung. Psychologiestudenten gehen etwas offener mit ihren Problemen um und sind auch eher zu einer Therapie bereit. Wenig überraschend. Der Kardiologin werden ihre Herzrhythmusstörungen auch schneller auffallen und der Zahnarzt seine Karies nicht verschleppen. Haben aber alle Kardiologen Herzprobleme und alle Zahnärzte ein schlechtes Gebiss? Nein. Gut, dass wir das geklärt haben.

UND WAS IST DER HAKEN?

Nachdem ich Dir nun von Deinen zukünftigen Kommilitonen vorgeschwärmt habe, sollte ich Dir auch nicht verschweigen, was nicht so toll ist: Psychologiestudenten sind fast ausschließlich

weiblich! Nun ist am weiblichen Geschlecht natürlich nicht grundsätzlich etwas auszusetzen, aber ein bisschen mehr Abwechslung würde nicht schaden. Glücklicherweise sind Studenten nicht mehr in der Pubertät, Du musst also nicht befürchten, in ausgedehnte Zickenkriege verwickelt zu werden, wie sie an Mädchenschulen üblich sind. Aber dennoch wirst Du Dich bei all den netten, hübschen, hyperkommunikativen Frauen um Dich herum manchmal nach einem Mann sehnen, der einfach nur schweigend und griesgrämig in der Ecke sitzt. Natürlich gibt es auch ein paar männliche Studenten (ganz zu schweigen von männlichen Doktoranden, Dozenten und vor allem Professoren), aber all der weibliche Einfluss geht an ihnen auch nicht spurlos vorüber. Manche Universitäten haben deswegen den Psychologiefachbereich strategisch klug in ein Gebäude mit den Informatikern, Maschinenbauern oder Physikern gelegt. Dieser Kontrast ist sehr wohltuend und sicherlich eine sehr kostengünstige Maßnahme gegen zu niedrige Geburtenraten bei Akademikerinnen.

Auch abgesehen vom Geschlecht sind Psychologiestudenten eine sehr homogene Gruppe. Einerseits erleichtert das Freundschaften,[21] aber andererseits tut es niemandem gut, nur im eigenen Saft zu schmoren – schon allein, weil es irgendwann langweilig wird. Deswegen kann ich Dir nur empfehlen, Freundschaften und Bekanntschaften außerhalb vom Psychologiestudium zu suchen und zu pflegen. Einige gute Möglichkeiten werde ich Dir in Kapitel 9 *Das Studentenleben – Aktivitäten an der Universität* vorstellen.

---

21 Quelle: Jonas, Klaus; Stroebe, Wolfgang; Hewstone, Miles (Hrsg.),
Sozialpsychologie – Eine Einführung

7
DAS STUDIUM

Nachdem Du nun schon jede Menge Informationen zur Studien-
platzsuche, Finanzierung und Wohnungssuche erhalten hast, erfährst Du jetzt endlich mehr über das Psychologiestudium an sich.
Unpraktischerweise hat jede Universität im Zuge der Bologna-
Reform ihren eigenen Psychologiestudiengang konzipiert, umfas-
sende Informationen, die uneingeschränkt auf alle Universitäten
zutreffen, gibt es deswegen leider nicht. Im Folgenden werde ich
Dir jedoch einige wichtige Grundbegriffe näherbringen, dann den
Aufbau des Bachelorstudiums[22] kurz skizzieren und Dir schließlich
die einzelnen Bereiche der Psychologie vorstellen.

7.1
DAS KLEINE UNIWÖRTERBUCH

Mit den Begriffen »Module«, »Wahlpflichtfächer« und »Leistungspunkte« kannst Du (noch) nichts anfangen? Du wunderst Dich,
was die Buchstaben »s.t.« im Vorlesungsverzeichnis bedeuten?
Und fragst Dich, was sich hinter dem ominösen »Prüfungsbüro«

---

22 Da es nur noch eine verschwindend geringe Anzahl an Diplomerstsemestern gibt,
verzichte ich auf die Darstellung des Diplomstudienganges.

verbirgt? Hier folgt eine Einführung in die wichtigsten Begriffe, die Du für einen guten Start an der Uni kennen solltest.

DER BASISWORTSCHATZ

Semester und Semesterferien

An der Uni ist das Jahr in das **SOMMERSEMESTER** (1. April bis 30. September) und das **WINTERSEMESTER** (1. Oktober bis 31. März) unterteilt. In jedem Semester gibt es Vorlesungszeiten, in denen Du regelmäßig an der Uni auftauchen solltest und **SE-MESTERFERIEN**, die offiziell auch vorlesungsfreie Zeiten heißen. Der Begriff Semesterferien ist trügerisch, weil Du diese Wochen leider nicht im Liegestuhl verbringen kannst. Es sei denn, Du hast die außerordentliche Begabung, mit einem Cocktail in der Hand für Prüfungen zu lernen, Hausarbeiten zu schreiben oder ein Praktikum machen zu können. Die Sommersemesterferien dauern ungefähr drei Monate (Mitte Juli bis Mitte Oktober). Über Weihnachten hast Du meist auch zwei Wochen frei und dann wieder nach Ende der Vorlesungszeit des Wintersemesters (Anfang/Mitte Februar bis Anfang/Mitte April, ungefähr sieben Wochen). An manchen Universitäten gibt es im Frühjahr zusätzlich noch eine Woche Pfingstferien.

Semesterwochenstunden

Eine **SEMESTERWOCHENSTUNDE (SWS)** ist üblicherweise 45 Minuten lang. Werden für eine Lehrveranstaltung also beispielsweise zwei SWS angegeben, dann findet sie üblicherweise während der Vorlesungszeit jede Woche für neunzig Minuten statt.

Vorlesungsverzeichnis

Das **VORLESUNGSVERZEICHNIS** bietet eine Übersicht über alle Veranstaltungen, die in Deinem Fachbereich in einem bestimmten Semester angeboten werden. Dort findest Du auch Infos dazu, wer die Veranstaltung hält und wann und wo sie stattfindet. Vorlesungsverzeichnisse gibt es häufig noch in gedruckter Form, aber inzwischen natürlich günstiger und aktueller im Internet.

C.t. und s.t.

Bei den Kürzeln **C.T.** und **S.T.**, die Du beispielsweise im Vorlesungsverzeichnis findest, handelt es sich um Zeitangaben, s.t. steht für »sine tempore« (»ohne Zeit«) und bedeutet, dass die Veranstaltung pünktlich genau zu der angegebenen Uhrzeit beginnt. Die Angabe c.t. (»cum tempore«, also »mit Zeit«) besagt, dass die entsprechende Vorlesung immer fünfzehn Minuten später anfängt als im Vorlesungsverzeichnis angegeben. Diese Verspätung bezeichnet man als **AKADEMISCHES VIERTEL**.

Nebenfächler

NEBENFÄCHLER sind Studenten, die Psychologie nur im Nebenfach belegt haben. Sie fallen durch zwei Dinge auf: mehr Männer und weniger Interesse am Stoff. Wobei die letzte Aussage wirklich gemein und trotzdem wahr ist. Aufgerieben zwischen mehreren Prüfungsämtern, immer auf dem Sprung von einem Ende des Campus zum anderen und frustriert von gegensätzlichen Aussagen verschiedener Dozenten ist es verständlicherweise wichtiger, zunächst alle organisatorischen Fragen zu klären, als sich voller Hingabe dem Aufbau des Gehirns zu widmen.

Prüfungsamt/Prüfungsbüro

Das **PRÜFUNGSAMT** ist mit allen Verwaltungsaufgaben rund um Prüfungen und Prüfungsleistungen betraut. Die meisten Universitäten verfügen inzwischen über ein elektronisches System, über das Veranstaltungen und Prüfungen verwaltet und Prüfungsergebnisse veröffentlicht werden. Dennoch wird sich persönlicher Kontakt mit dem Prüfungsamt nicht gänzlich vermeiden lassen. Spätestens für Anmeldung und Abgabe der Bachelorarbeit, aber auch immer dann, wenn im elektronischen System irgendetwas nicht funktioniert oder Du wegen eines Auslandsaufenthaltes vom Standardprozedere abweichst, musst Du beim Prüfungsamt vorsprechen. Da musst Du durch – Generationen vor Dir haben das auch geschafft! Du bist jetzt etwas irritiert, was an einem Besuch beim Prüfungsamt denn so schrecklich sein soll? Vorsichtig formuliert, habe ich folgende Aussagen leider noch nie gehört:

⊘ »Im Prüfungsamt konnten sie mir natürlich direkt weiterhelfen!«

⊘ »Aufgrund der langen Öffnungszeiten und freundlichen Mitarbeiter schaue ich dort immer gern vorbei.«

⊘ »Hier sind Studenten immer willkommen und anstatt überarbeitet oder nicht zuständig zu sein, wird man hier mit einem entspannten Lächeln empfangen!«

Es gilt also, etwas Geduld und Gelassenheit mitzubringen. Außerdem solltest Du Dein Anliegen bestimmt vortragen und Dich nicht direkt abwimmeln lassen. Andererseits sollte Dir aber auch klar

sein, dass nicht für jeden der mehreren hundert Studenten eine Ausnahme gemacht werden kann und es unfair ist, immer etwas für den eigenen Vorteil herausschlagen zu wollen. Bist Du beispielsweise nicht mehr in Dein Wunschseminar gekommen und hoffst jetzt, dass das Prüfungsamt Dich noch irgendwie dort reinpfuscht? Das Seminar ist schon völlig überfüllt, aber schließlich arbeitest Du ja leider an viereinhalb Tagen die Woche oder brauchst morgens blöderweise zu lange zur Uni, um das Acht-Uhr-Seminar belegen zu wollen? Dann hast Du Dir den Anpfiff im Prüfungsamt redlich verdient!

Fachschaft

Mit Deiner Immatrikulation bist Du automatisch Mitglied der **FACHSCHAFT** Psychologie, was nichts anderes ist als die Gesamtheit aller Psychologiestudenten an Deiner Uni. Allerdings wird der Begriff Fachschaft meist nicht für alle Studenten, sondern für deren gewählte Vertretung verwendet, die korrekterweise **FACHSCHAFTSRAT** heißt. Der Fachschaftsrat besteht aus besonders engagierten Studenten, die nicht nur politisch Deine Interessen vertreten, sondern Dir auch ganz konkret unter die Arme greifen. Gleich zu Beginn Deines Studiums wirst Du Deine Fachschaft zu schätzen lernen, wenn sie sogenannte Erstsemestertage organisiert. Zu dieser Veranstaltung noch vor Vorlesungsbeginn werden alle Psychologieerstsemester eingeladen und mit allen überlebenswichtigen Infos versorgt. Bei der Schnitzeljagd durch die Uni oder dem Kneipenabend lernst Du nicht nur Uni und Stadt, sondern vor allem auch direkt Deine Kommilitonen kennen.

Aber auch später im Studium ist die Fachschaft Gold wert! Hier bekommst Du Lernskripte von Studenten höherer Semester oder die Sammlung aller jemals gestellten Klausurfragen. Und mit Sommerfesten und Weihnachtsfrühstück sorgt die Fachschaft zudem dafür, dass Studenten und Dozenten abseits des Hörsaals ganz entspannt bei Bier oder Glühwein ins Gespräch kommen.

Mensa

Mit **MENSA** bezeichnet man die Unikantine. Sie befindet sich entweder in oder zumindest nahe der Universität und bietet sehr günstiges Essen. Über Qualität und Atmosphäre sollte sich jeder selbst ein Bild machen. Die Mensa, in der Tütenkartoffelbrei und verkochtes Kaisergemüse direkt auf das Tablett geklatscht werden, bildet aber inzwischen sicherlich eine unrühmliche Ausnahme.

LEHRVERANSTALTUNGEN

Vorlesungen

In **VORLESUNGEN** erhältst Du idealerweise einen systematischen Überblick über einen Themenbereich. Typischerweise werden Vorlesungen von Professoren gehalten und von sehr vielen Studenten belegt. Es erwarten Dich also ein großer Vorlesungssaal voller mehr oder weniger aufmerksamer Studenten und ein häufig von PowerPoint-Folien unterstützter Vortrag. Manche Professoren versuchen die Vorlesung etwas interaktiver zu gestalten und stellen auch ein paar Fragen, aber im Gegensatz zur typi-

schen Unterrichtsstunde an der Schule wirst Du hauptsächlich berieselt. Auch bei einem soliden Lebenswandel und gesundem Schlaf-wach-Rhythmus kann man deswegen manchmal nicht vermeiden, sich ins Reich der Träume zu verabschieden.

Seminare und Übungen

Im Gegensatz zu Vorlesungen finden **SEMINARE** und **ÜBUNGEN** in kleineren Gruppen statt und sollen ein spezielles Thema vertiefen. Häufig gibt es mehrere passende Seminare zum Thema einer Vorlesung und Du kannst Dich für das Thema entscheiden, das Dich am meisten interessiert. Manche Seminare sind im Uni-alltag von Vorlesungen kaum zu unterscheiden, weil Du auch dort einen Vortrag vorgesetzt bekommst. In anderen ist der Dozent mehr oder weniger überflüssig, weil Ihr Euch gegenseitig mit endlosen Referaten bespaßt. Es gibt aber auch richtig gute Seminare, in denen Ihr dann gemeinsam Originalstudien lest, Ergebnisse diskutiert, kurze Referate hört, Euer Wissen übertragt und hinterfragt und spezielle Theorien und Befunde vorgestellt bekommt. Die Begriffe Seminar und Übung werden meist synonym verwendet, aber eigentlich liegt der Schwerpunkt einer Übung darauf, die gelernte Theorie praktisch anzuwenden. So gibt es beispielsweise Statistikübungen, in denen Du den Umgang mit Statistiksoftware erlernst und statistische Tests, die in der Vorlesung vorgestellt wurden, selbst durchführst.

Blockseminar

Ein **BLOCKSEMINAR** ist ein Seminar, das nicht an mehreren Einzelterminen während des Semesters stattfindet, sondern geballt an ein bis zwei Tagen. Das ist insbesondere für Dozenten von außerhalb praktisch, die eigentlich einen anderen Job haben oder von weiter weg anreisen. Um nicht mit anderen Veranstaltungen in Konflikt zu geraten, finden Blockseminare häufig am Wochenende statt. Sie haben den Vorteil, dass man sich sehr intensiv mit dem Stoff auseinandersetzen kann und der wöchentliche Stundenplan erträglicher aussieht. Das war es aber auch schon mit den Vorteilen. Wenn Du tatsächlich etwas lernen möchtest, ist es nämlich ratsam, Dein Gehirn mit kleinen Häppchen zu füttern und auf das Wissen immer wieder zuzugreifen. Abgesehen davon, ruinieren Blockseminare natürlich Wochenenden, an denen man besser einen Kurztrip ans Meer gemacht hätte, und sie sind verdammt anstrengend. Den lang ersehnten Samstagabend verbringt man dann schon mal ausdruckslos vor sich hinstarrend am Küchentisch, weil man es trotz einer Überdosis Koffein nicht mehr bis zum Sofa – geschweige denn aus der Wohnung – schafft.

Empirisches Praktikum/Praktische Übung/ Experimentelles Praktikum

Im **EMPIRISCHEN PRAKTIKUM** musst Du selbst kleine Untersuchungen durchführen, Experimente planen und Studien auswerten. Idealerweise schnupperst Du ein bisschen Wissenschaftsluft und erfährst am eigenen Leibe, wie viel Überredungskunst, verschobene Termine und E-Mails eine Stichprobengröße

von fünfzig Teilnehmern erfordern. Du erlebst den Adrenalinkick eines signifikanten Mittelwertunterschiedes (zumindest, wenn Du so nerdig verdrahtet bist wie ich) und liest Studien ab sofort mit völlig anderen Augen. Oder es läuft nicht so gut und anstatt wissenschaftliches Know-how zu erwerben, bist Du lediglich dazu verdammt, für den überforderten Doktoranden Studienteilnehmer ins Computerlabor im Keller zu locken. Aber sei gewarnt: Nicht jede Freundschaft übersteht ein einstündiges Gedächtnisexperiment, das Du als »voll spannend« und »total einfach« angekündigt hast.

Tutorien

In **TUTORIEN** wird der Stoff einer Vorlesung vertieft, beispielsweise mit Übungsaufgaben. Sie werden von Tutoren gehalten, dabei handelt es sich meist um Studenten höherer Semester, die den teilnehmenden Studenten bei Fragen zur Seite stehen. Oft ist die Teilnahme an den Tutorien freiwillig, aber als schlauer Student gehst Du natürlich trotzdem hin – für zu einfachen Stoff werden nämlich selten Tutorien angeboten.

WICHTIGE BEGRIFFE AUS DEM BACHELOR-/ MASTERSYSTEM

Den Unterschied zwischen einer Vorlesung und einem Seminar hätte Dir vermutlich auch Deine große Schwester erklären können, aber wenn Du nach Modulen und Credit Points fragst, wird sie nur ratlos mit den Schultern zucken. Mit der Umstellung auf das Bachelor- und Mastersystem hat sich auch ein Kommunikationsgraben

aufgetan. Dein fünf Jahre älterer Freund und der gefühlt aus der Steinzeit stammende Therapeut können sich problemlos über ihre Diplomprüfungen austauschen. Wirfst Du dagegen kurz ein, dass Du auch froh bist, das Biopsychologiemodul endlich abgeschlossen zu haben, wirst Du nur Fragezeichen in ihren Augen aufblinken sehen. Damit Du selbst aber am ersten Tag in der Uni nicht so ahnungslos bist, gibt es hier eine kleine Zusammenstellung der wichtigsten Bachelor-/Mastervokabeln:

Module

Ein **MODUL** besteht aus verschiedenen Veranstaltungen zu einem gemeinsamen Oberthema. Es kann sich über mehrere Semester erstrecken und wird mit einer Gesamtnote abgeschlossen. Aus wie vielen Veranstaltungen ein Modul besteht und welche Leistungen Du erbringen musst, um es abzuschließen, kann sehr unterschiedlich sein. Ich stelle Dir hier exemplarisch das Modul »Sozialpsychologie« vor. An der Freien Universität Berlin besteht dieses Modul momentan aus einer Vorlesung und einem Seminar. In der Vorlesung gibt es einen Überblick über das Themengebiet: Du erfährst etwas über die Methoden der Sozialpsychologie und es gibt Sitzungen zu den einzelnen Unterthemen wie »Soziale Beziehungen«, »Vorurteile« oder »Identität«. Zusätzlich zu der Vorlesung wählst Du aus mehreren Alternativen ein Seminar, das ein Thema vertieft. Vielleicht interessiert Dich »Pro- und Antisoziales Verhalten«? In dem entsprechenden Seminar geht es dann ein Semester lang um nichts anderes als dieses spezielle Thema. Um das Modul abzuschließen, musst Du bestimmte Voraussetzungen erfüllen. So musst Du in dem Seminar regelmäßig anwesend sein

und noch eine zusätzliche Leistung erbringen (zum Beispiel ein Referat). Erfüllst Du diese Erwartungen im Seminar, wirst Du zur Modulklausur zugelassen. Diese prüft die Inhalte der Vorlesung ab und bestehst Du diese Klausur, hast Du das Modul Sozialpsychologie erfolgreich abgeschlossen. Da Dein Referat im Seminar unbenotet ist und es an der Uni auch keine Noten für mündliche Beteiligung gibt, ist Deine Modulnote gleich Deinem Klausurergebnis.

Studienordnung/Studienverlaufsplan/ Modulhandbuch

STUDIENORDNUNG, STUDIENVERLAUFSPLAN und **MODULHANDBUCH** erklären Dir, wie Dein Studium organisiert ist, welche Prüfungen Du wann, in welcher Reihenfolge zu bestehen hast und welche Veranstaltungen, mit welchen Inhalten, in welches Modul gepackt worden sind. Kurz: Du wirst immer wieder reinschauen müssen, selbst wenn Du durch glückliche Fügung an superinformierte Kommilitonen geraten bist, die alles schon wissen. »Aber Anna hat doch gesagt …«, wird Dir nämlich keine Zulassung zur Bachelorarbeit verschaffen, wenn Du das entscheidende Seminar noch nicht belegt hast.

ECTS und Credit Points[23]

ECTS steht für **EUROPEAN CREDIT TRANSFER AND ACCUMULATION SYSTEM** und zielt unter anderem darauf ab, Studienleistungen vergleichbarer zu machen. So sollte es für

---

23 Quelle: Europäische Kommission, ECTS-Leitfaden, Luxemburg,
    Amt für amtliche Veröffentlichungen der Europäischen Gemeinschaften, 2009

Dich bei einem Hochschulwechsel dank des ECTS nun leichter möglich sein, schon erbrachte Leistungen angerechnet zu bekommen. Wie so oft im Leben – und scheinbar besonders häufig im Bildungssystem – klaffen aber auch beim ECTS Anspruch und Wirklichkeit auseinander. Die Idee ist gut, aber die Umsetzung lässt noch zu wünschen übrig.

Im ECTS sammelst Du **CREDIT POINTS** (Leistungspunkte). Ein Credit Point (CP) entspricht in Deutschland dreißig Stunden Arbeitsaufwand. In diese Berechnung fließt nicht nur die sogenannte Kontaktzeit ein – also die Zeit, die Du in Seminar und Vorlesung sitzt –, sondern auch die Zeit, die Du zuhause und in der Bibliothek mit Vor- und Nachbereitung und Lernen verbringst. Deswegen können zwei Module, die die gleiche Anzahl SWS haben, trotzdem unterschiedlich viele CPs erbringen. Musst Du in einem Modul beispielsweise eine Hausarbeit schreiben, wird dafür ein höherer Arbeitsaufwand angesetzt als für ein Kurzreferat.

Natürlich sind CPs nur grobe Richtwerte für das, was du tatsächlich an Aufwand in ein Modul investieren musst. Erstens orientiert sich ein CP am Arbeitsaufwand des durchschnittlichen Studenten. Wie Du schon aus der Schule weißt, unterscheiden Menschen sich in ihrem Arbeitstempo und ihrer Lerneffizienz teilweise dramatisch. Schon deswegen muss der angegebene Wert für Dich nicht zwangsläufig zutreffen. Und zweitens hat niemand seine Studenten mit Stoppuhren ausgestattet, um zu ermitteln, wie lange sie tatsächlich an der Referatsvorbereitung oder der Hausarbeit sitzen. Stattdessen saßen mehr oder weniger überforderte Professoren vor Excel-Tabellen und haben versucht, sich vorzustellen, wie lange ein Student wohl für diese oder jene Aufgabe

braucht. Diese recht fragwürdig zustande gekommenen Zeiten haben sie aufsummiert und danach wild auf- und abgerundet, damit alle Module auch irgendwie in das Bachelorstudium passen.

Für ein akademisches Jahr sind 1.800 Arbeitsstunden vorgesehen, was ungefähr sechzig CPs und einer Wochenarbeitszeit von 39 Stunden entspricht. Als Student erwartet man von Dir also fast so viel Zeiteinsatz wie von einem durchschnittlichen Arbeitnehmer. Immerhin gesteht man Dir aber satte sechs Wochen Urlaub zu. Soviel zur Theorie – de facto wirst Du in mancher Sommerwoche schon mit Bikini unter dem T-Shirt zur Vorlesung schlurfen und dafür in der Klausurenphase nach einer 14-Stunden-Schicht in der Bibliothek auf dem Nachhauseweg über Deine Augenringe stolpern.

Regelmäßige und aktive Teilnahme

Wie schon erwähnt, werden **REGELMÄSSIGE** und **AKTIVE TEILNAHME** an Seminaren von Dir erwartet. Regelmäßige Teilnahme heißt dabei meist, dass Du zwar zweimal im Semester fehlen darfst, aber ansonsten anwesend zu sein hast – was über Unterschriften auf Anwesenheitslisten abgeprüft wird. Aktive Teilnahme ist dagegen etwas anstrengender – häufig musst Du dafür ein Referat halten, eine Hausarbeit schreiben, Protokoll führen, Übungsaufgaben bearbeiten, ein Testat bestehen und dergleichen mehr.

7.2
DER AUFBAU DES
BACHELORPSYCHOLOGIESTUDIUMS

Üblicherweise dauert das Psychologiestudium (mindestens) drei Jahre und ist in sechs Semester aufgeteilt. Insgesamt musst Du 180 ECTS erreichen. Diese erwirbst Du, indem Du die Leistungsanforderungen verschiedener Module erfüllst, mindestens ein Berufspraktikum machst, Versuchspersonenstunden ableistest und schlussendlich eine Bachelorarbeit schreibst.

MODULE

In den ersten Semestern ist die Belegung der meisten Module verpflichtend, da sie die sogenannten **GRUNDLAGEN- UND METHODENFÄCHER** abdecken. Hier lernst Du alles, was für jeden angehenden Psychologen unabdingbar ist – vom grundlegenden Selbstverständnis der Psychologie als Wissenschaft über Methodik, Statistik bis hin zu den inhaltlichen Bereichen wie Sozialpsychologie und Allgemeine Psychologie. Später darfst Du dann bei den Kursen für die Anwendungsfächer wie beispielsweise Klinische Psychologie oder Wirtschaftspsychologie häufig Schwerpunkte setzten, was sich hinter dem nur scheinbar unstimmigen Begriff **WAHLPFLICHTBEREICH** verbirgt: Du musst etwas belegen, aber Du darfst immerhin ein bisschen mitentscheiden, was genau.

Zusätzlich zu den psychologischen Modulen musst Du – in deutlich geringerem Umfang – Veranstaltungen aus verwandten Wissenschaften wie beispielsweise den Wirtschaftswissenschaften

oder der Biologie belegen. Was genau in diesen **OPTIONAL-BEREICH** oder **AFFINEN BEREICH** fällt, legt jede Universität selbst fest. Häufig gibt es zudem Kurse, die allgemeinere Kompetenzen schulen sollen, wie beispielsweise angemessene Informations- und Mediennutzung.

Jedem Modul ist eine bestimmte Anzahl von CPs zugeteilt. Beim Bestehen des Moduls werden Dir diese gutgeschrieben. Für die Berechnung Deiner Bachelorendnote wird Deine Modulnote üblicherweise mit der Anzahl der CPs gewichtet – Noten von Modulen mit vielen CPs zählen für das Gesamtergebnis also stärker.

BERUFSPRAKTIKUM

In den meisten Studienordnungen ist ein Berufspraktikum im Umfang von etwa 380 Stunden vorgeschrieben. Um nicht nur zum Kaffeekochen und Briefefalten eingesetzt zu werden, sollte man damit bis in ein höheres Semester warten. Praktika können sowohl am Stück, beispielsweise während der Semesterferien, oder aber semesterbegleitend absolviert werden. In der Studienordnung findest Du genauere Angaben zur Dauer und weitere Kriterien für die Anrechnung, wie zum Beispiel die Pflicht einen Praktikumsbericht anzufertigen. Mehr Infos zum Thema Praktikum gibt es in Kapitel 8 *Raus in Leben – Praktika*.

VERSUCHSPERSONENSTUNDEN

Du fragst Dich, wer eigentlich an all den psychologischen Studien teilnimmt, die Du zu lesen bekommst, ellenlange Fragebögen

ausfüllt, Bilder nach ihrem emotionalen Gehalt bewertet und beim Auftauchen des roten Kreuzes schnell eine Taste drückt? Na ahnst Du es schon? Genau – ab sofort Du! Um die dreißig Stunden Deiner Lebenszeit solltest Du bereit sein, dafür zu investieren, denn Psychologiestudenten müssen sogenannte Versuchspersonenstunden ableisten. Aus Sicht von Professoren und Doktoranden handelt es sich hier um eine klassische Win-win-Situation: Die Studenten lernen Fragebögen und Erhebungsmethoden kennen und die Wissenschaftler haben jede Menge kostenlose Teilnehmer für ihre Studien! Nun ja, völlig falsch liegen sie damit nicht. Tatsächlich ist eine qualvolle Stunde über einem Intelligenztest sehr viel prägender als lediglich ein paar PowerPoint-Folien dazu zu sehen. Auch ethische Richtlinien zum Umgang mit Versuchspersonen verinnerlicht man ohne Mühe, wenn man gewissermaßen selbst mal die Maus im Labor gewesen ist. Andererseits wären für diese Lerneffekte wohl nicht unbedingt dreißig Stunden nötig und auch aus wissenschaftlicher Sicht ist die Flut von Psychologiestudenten in Studien nicht unproblematisch. Erstens ist der psychologisch vorgebildete Student vielleicht nicht ganz so unvoreingenommen, wie erhofft, und zweitens möchten wir meistens Aussagen über die gesamte Menschheit treffen und nicht über eine NC-selektierte Gruppe Psychologieinteressierter.

7.3
BEREICHE DES PSYCHOLOGIESTUDIUMS

Nach sehr vielen organisatorischen Informationen gibt es jetzt endlich einen kleinen Einblick in die Inhalte des Psychologiestudiums. Dafür stelle ich Dir im Folgenden die einzelnen Teilbereiche der Psychologie kurz vor. Im Studium entspricht ein Modul häufig genau einem dieser Bereiche. Die Teilbereiche lassen sich grob in sogenannte **GRUNDLAGENFÄCHER**, **METHODENFÄCHER** und **ANWENDUNGSFÄCHER** unterteilen.

GRUNDLAGENFÄCHER

In den **GRUNDLAGENFÄCHERN** geht es nicht um spezifische Anwendungen, sondern um sehr grundlegendes Wissen. Deswegen belegst Du diese Fächer im Bachelorstudium gleich in den ersten Semestern. Was Du hier lernst, wird auch in den Anwendungsfächern immer wieder auftauchen.

Allgemeine Psychologie

Die **ALLGEMEINE PSYCHOLOGIE** ist auf der Suche nach allgemeinen Gesetzmäßigkeiten in allen grundlegenden psychischen Bereichen. Dazu zählen unsere Wahrnehmung, Gedächtnisprozesse und Problemlösen. Aber auch Sprache, Emotionen, Denkprozesse und Motivation erforscht diese Teildisziplin. Die Allgemeine Psychologie ist unter Studenten häufig nicht gerade beliebt, wartet sie doch mit vielen abstrakten Theorien und drögen Forschungsmethoden auf, die manchmal meilenweit von jeder

Wirklichkeit außerhalb des Labors entfernt scheinen. Oder lösen Berichte über Versuchspersonen, die sich lange Wortlisten merken mussten, oder Ratten, deren Laufgeschwindigkeit auf dem Weg zum Futter gemessen wurde, etwa Verzückung bei Dir aus? Man muss sich ein bisschen anstrengen, um zu erkennen, wie clever dieses Vorgehen häufig ist und warum wir solche Studien und all die Theorien dringend brauchen.

Biologische Psychologie

Die **BIOLOGISCHE PSYCHOLOGIE** beschäftigt sich mit dem Zusammenspiel von psychischen und biologischen Prozessen. So untersucht sie den Aufbau des Auges, um menschliche Wahrnehmung zu verstehen, ordnet bestimmten Hirnarealen spezifische psychische Funktionen, wie das Gedächtnis oder das Belohnungsempfinden, zu und studiert die Wirkung von Psychopharmaka auf neuronaler Ebene. Große technische Fortschritte erlauben der Biopsychologie immer detailliertere Untersuchungen – so ermöglicht es die funktionelle Magnetresonanztomographie den Blutfluss im Gehirn abzubilden und die Ausprägung verschiedener Gene kann mit der Ausschüttung bestimmter Neurotransmitter in Zusammenhang gebracht werden. In vielen Bereichen steckt die Biologische Psychologie noch in den Kinderschuhen und häufig sind Befunde deswegen mit Vorsicht zu genießen, aber die nächsten Jahre versprechen viele spannende Antworten auf breitgefächerte Fragestellungen: Wie wirkt sich Stress auf das Immunsystem aus? Lassen sich verschiedene Emotionen auf biologischer Ebene voneinander unterscheiden? Welche Hormone beeinflussen aggressives Verhalten? Kann man die Wirkung von Psychotherapien im Hirn messen?

Differentielle Psychologie oder Persönlichkeitspsychologie

In der **DIFFERENTIELLEN** und **PERSÖNLICHKEITSPSY-CHOLOGIE** liegt der Fokus auf individuellen Unterschieden zwischen Menschen. Sehr populäre Konzepte sind beispielsweise die Persönlichkeitseigenschaften Extraversion, Gewissenhaftigkeit oder Narzissmus, die Frauenzeitschriften gern mal zu recht fragwürdigen Tests verwursten. Während Deines Studiums kommst Du aber bestimmt in den Genuss, einen richtigen Persönlichkeitsfragebogen auszufüllen. Ganz natürlich ergibt sich in diesem Teilbereich der Psychologie auch immer die Frage nach den Ursachen individueller Unterschiede. Wie stark ist Intelligenz erblich? Lässt sie sich durch ein gutes Elternhaus verändern? Und welchen Einfluss hat Deine Erziehung darauf, wie ängstlich Du bist? Deswegen erhältst Du in der Differentiellen und Persönlichkeitspsychologie oft Einblicke in die Humangenetik und lernst spannende Forschungsmethoden, wie beispielsweise Zwillingsstudien, kennen.

Sozialpsychologie

Die **SOZIALPSYCHOLOGIE** betrachtet das Erleben und Verhalten von Menschen in Zusammenhang mit und in Abhängigkeit von anderen Menschen und sozialen Situationen. Typische Themen der Sozialpsychologie sind Vorurteile und Einstellungen, die Entstehung von Freundschaften und Liebesbeziehungen und Ursachen und Bedingungen für aggressives oder pro-soziales Verhalten. Vielleicht kennst Du den Kinofilm *Das Experiment* von Oliver Hirschbiegel unter anderem mit Moritz Bleibtreu in der Hauptrolle? Die Geschichte handelt von einem sehr faszinierenden

und schockierenden sozialpsychologischen Experiment – dem Standford-Prison-Experiment. Philip Zimbardo fragte sich: Was passiert wohl, wenn man ganz normale Menschen zufällig in Wächter und Gefangene unterteilt und sie in eine Gefängnissituation versetzt? Die Antwort gibt es entweder bei Google oder in Deiner Sozialpsychologievorlesung und zeigt sehr eindrucksvoll, welchen fatalen Einfluss die soziale Situation auf uns haben kann.

Entwicklungspsychologie

Die **ENTWICKLUNGSPSYCHOLOGIE** beschäftigt sich mit psychischen Veränderungen über die gesamte Lebensspanne. Wie lernen Kinder sprechen? Ab wann sind sie in der Lage, Gesichter zu erkennen? Welche Probleme dominieren das mittlere Lebensalter? Und wie verändert sich der Umgang mit Emotionen im hohen Alter? Vor allem kleinen Kindern wirst Du nach dem Entwicklungspsychologiemodul völlig anders begegnen. Das Kind krabbelt – wie alt ist es dann vermutlich? Es hält sich die Hand vor die Augen, um sich selbst verschwinden zu lassen – auf welcher kognitiven Entwicklungsstufe befindet es sich? Auf langweiligen Familienfeiern bietet es sich zudem an, mit dem Nachwuchs der Verwandtschaft ein paar einfache Experimente nachzustellen. Zu bestätigen, dass der große Jean Piaget Recht hatte, ist mit Sicherheit befriedigender als das dritte Stück Torte.

METHODENFÄCHER

In den **METHODENFÄCHERN** wird Dir das unabdingbare Handwerkszeug der empirischen Psychologie näher gebracht.

Was Du hier lernst, wirst Du in allen Grundlagen- und Anwendungsfächern immer wieder brauchen. Aber nicht nur in Deinem Studium sind diese Fächer zentral – in vielen Bereichen sind Psychologen nicht so sehr wegen ihres spezifisch psychologischen Fachwissens gefragt, sondern vielmehr, weil sie so eine gute methodische Ausbildung genossen haben.

Zu den Methodenfächern zählt die **STATISTIK,** die ich bereits in Kapitel 2.6 vorgestellt habe. In den Bereichen **WISSENSCHAFTS-THEORIE UND FORSCHUNGSMETHODIK** wirst Du mit den Grundlagen wissenschaftlichen Arbeitens und Denkens vertraut gemacht und lernst, wie eine gute Studie auszusehen hat. Für eine spezielle Art der Untersuchung, die Psychologen auch häufig außerhalb der Universität durchführen, gibt es meist noch das extra Modul **EVALUATION.** Unter einer Evaluationsstudie versteht man die systematische Begutachtung und Bewertung, beispielsweise von Programmen zur Drogenprävention oder Kampagnen zur Sexualaufklärung. Schließlich liefert der Teilbereich **PSYCHOLOGISCHE DIAGNOSTIK** Verfahren zur Einschätzung, Beurteilung und Klassifikation von Personen beziehungsweise ihrer Störungen oder Potenziale. Hat Frau Müller eine Angststörung? Ist Kevin hochbegabt? Eignet sich Herr Meier für die Führungsposition? Egal ob als Therapeut, in der Personalabteilung eines Unternehmens oder vielleicht beim Arbeitsamt – die Diagnostik liefert Psychologen in allen Bereichen das nötige Handwerkszeug, um bestmögliche Einschätzungen abzugeben.

ANWENDUNGSFÄCHER

Unter **ANWENDUNGSFÄCHER** fallen die Bereiche der Psychologie, die darauf abzielen, psychologisches Wissen in der Praxis anzuwenden. Im Folgenden werde ich die drei wichtigsten Bereiche einzeln vorstellen, die so auch an fast jeder Uni gelehrt werden.

Klinische Psychologie

Die **KLINISCHE PSYCHOLOGIE** beschäftigt sich mit Definition, Symptomatik, Ursachen, Auswirkungen und natürlich der Behandlung psychischer Störungen. Wenn Du Therapeut werden möchtest, wirst Du Dich auf dieses Anwendungsfach wahrscheinlich am meisten freuen. Endlich darfst Du die Diagnosekriterien für Depression und Schizophrenie auswendig lernen und Studien lesen, die die Wirksamkeit verschiedener Therapieformen unter die Lupe nehmen. Um Enttäuschungen vorzubeugen, solltest Du allerdings wissen, dass Dich in der Klinischen Psychologie – genau wie auch bei den anderen Anwendungsfächer – nur die Theorie zur Anwendung erwartet und Du so gut wie keine praktischen Erfahrungen sammeln wirst.

Pädagogische Psychologie

In der **PÄDAGOGISCHEN PSYCHOLOGIE** geht es darum, Sozialisation und Lernen sowie Erziehung und Lehren psychologisch zu erforschen. Wie groß dürfen Schulklassen sein, damit optimal gelernt werden kann? In welchem Alter sollten Kinder eingeschult werden? Welche Auswirkung hat die Berufstätigkeit von Müttern? Machen Computerspiele aggressiv? Die Pädagogische

Psychologie überschneidet sich inhaltlich teilweise mit den Erziehungswissenschaften und der Pädagogik.

Arbeits- Organisations- und Wirtschaftspsychologie (AOW)

In diesem Anwendungsfach geht es um alle psychologischen Fragestellungen im Kontext von Arbeit, Organisationen und Wirtschaft. Weil es sich bei diesem Gebiet um eine Kombination verschiedener Bereiche handelt, ist er thematisch sehr breit gefächert. In der **AOW** beschäftigt man sich damit, wie Arbeit gestaltet sein muss, um Menschen zufrieden zu machen und welche psychologischen Funktionen sie erfüllt. Es wird versucht, Berufserfolg vorherzusagen und Verfahren zu entwickeln, die bei der Personalauswahl helfen. Welcher Führungsstil geht mit guter Leistung der Untergebenen einher? Wie sind Organisationen strukturiert und mit welchen Maßnahmen lässt sich dort Innovation fördern? Wie treffen Menschen Kaufentscheidungen? Welche Rahmenbedingungen erleichtern die Arbeit in Gruppen? Und wie kann man Jugendliche bei der Berufswahl unterstützen? Zur Beantwortung solcher und ähnlicher Fragen greift die **AOW** natürlich auf Erkenntnisse aus der psychologischen Grundlagenforschung zurück, aber auch mit den Betriebswissenschaften und der Volkswirtschaftslehre gibt es große Überscheidungen.

Je nach Universität werden auch etwas exotischere Bereiche unterrichtet wie Rechts- oder Gesundheitspsychologie.

Forensische oder Rechtspsychologie

Das Ziel der **FORENSISCHEN PSYCHOLOGIE ODER RECHTSPSYCHOLOGIE** ist die Anwendung psychologischen Wissens im Rechtswesen. Die Themenbereiche reichen von der Prävention und Aufklärung von Straftaten über Probleme bei Gerichtsverhandlungen und die Gestaltung des Strafvollzuges: Welche Rolle spielt Testosteron bei Gewaltverbrechen? Wie kann man Zeugenaussagen verlässlicher machen? Ist der Täter schuldfähig und das Opfer glaubwürdig? Als wie hoch ist die Rückfallgefahr einzustufen? Funktionieren Lügendetektoren? Welche Maßnahmen erleichtern die Resozialisierung von Straftätern? Rechtspsychologie wird nicht an allen Universitäten gelehrt, aber häufig werden einzelne Aspekte auch in der Sozialpsychologie oder Klinischen Psychologie behandelt. Möchte man später in diesem Bereich arbeiten, darf man – selbstredend – nicht zartbesaitet sein.

Gesundheitspsychologie[24]

Die **GESUNDHEITSPSYCHOLOGIE** beschäftigt sich den psychologischen Aspekten von Gesundheit. So geht es in diesem noch recht jungen Anwendungsfach um gesundheitliche Risiken und den Umgang mit Erkrankungen ebenso wie um die Förderung und Erhaltung von Gesundheit. Wie motiviert man Menschen zum Abnehmen? Welche Faktoren tragen zu einer schnellen Heilung bei? Wie gehen Schwerkranke mit der enormen psychischen Belastung um, die mit ihrer Erkrankung einhergeht? Mit welcher

---

24 Quelle: www.ewi-psy.fu-berlin.de/einrichtungen/arbeitsbereiche/gesund/
entstehungsgeschichte/index.html (abgerufen 29.Mai 2013)

Strategie lässt sich Stress so bewältigen, dass er nicht der Gesundheit schadet? Gemeinsam mit Klinischer und Pädagogischer Psychologie sowie der Verhaltensmedizin und unter starkem Rückgriff insbesondere auf die Sozialpsychologie versucht die Gesundheitspsychologie solche und ähnliche Fragen zu klären.

Weitere Anwendungsfächer

Weitere spannende Anwendungsfächer sind beispielsweise die **MEDIENPSYCHOLOGIE** und **WERBEPSYCHOLOGIE** genauso wie die Spezialgebiete **SPORTPSYCHOLOGIE, ERNÄHRUNGSPSYCHOLOGIE, VERKEHRSPSYCHOLOGIE** und **POLITISCHE PSYCHOLOGIE**. Dabei ist diese Liste weit davon entfernt, vollständig zu sein – im Grunde kannst Du an fast jedes Thema ein »-psychologie« anhängen und bist bei einem weiteren Teilgebiet gelandet, auf dem Du im Zweifelsfall aber erst einmal selbst mit der grundlegenden Forschung anfangen musst.

Wahrscheinlich wird an Deiner Uni, zumal für Bachelorstudenten, keines dieser speziellen Anwendungsfächer explizit angeboten. Trotzdem kannst Du darauf hoffen, dass sie teilweise innerhalb von anderen Bereichen behandelt werden. So gibt es beispielsweise im Modul Arbeits-, Organisations- und Wirtschaftspsychologie häufig ein Seminar zu Werbung oder die Professorin für Pädagogische Psychologie spendiert eine Sitzung ihrer Vorlesung, um auf psychologische Theorien zur Mediennutzung einzugehen. Bei ausgeprägtem Interesse bietet es sich an, dass Du Dich über die Forschungsschwerpunkte der Dozenten an Deiner Uni informierst, vielleicht forscht jemand genau zu Deinem Thema und freut sich

über einen Praktikanten? Oder Du geduldest Dich ein wenig und hältst dann nach einem Masterstudiengang mit entsprechendem Schwerpunkt Ausschau.

7.4
PRÜFUNGEN – KLAUSUREN, HAUSARBEITEN, REFERATE

Wahrscheinlich rutschst Du schon seit geraumer Zeit unruhig auf Deinem Stuhl hin und her und wartest sorgenvoll auf das unliebsame Thema Prüfungsleistungen. Davon wirst Du in Deinem Psychologiestudium einige erbringen müssen – gleichermaßen zum Leidwesen von Studenten und Dozenten. Dein Schicksal ist es, wundervolle Freibadtage am Schreibtisch zu verbringen, aber lass Dir gesagt sein, dass auch Deine Dozenten unter dem Prüfungsleistungs-Fetisch unserer Tage leiden. Es macht absolut keinen Spaß, vor einem Kurs zu stehen und bei der Anmerkung »Das ist nicht klausurrelevant« in den Augen der Studenten alle Lichter ausgehen zu sehen! In diesem Kapitel erfährst Du, welche Prüfungsleistungen Du während Deines Psychologiestudiums erbringen musst, welche Hürden und Fallstricke es gibt und wie Du erfolgreich damit umgehst.

KLAUSUREN

Die wohl häufigste Form der Leistungsüberprüfung im Psychologiestudium sind Klausuren. Sie finden meist in geballter Form am

Ende der Vorlesungszeit oder des Semesters statt und fragen den Stoff eines Moduls ab. Klausurvorbereitung will gelernt sein, denn auch wenn Du schon einige Klausuren geschrieben hast, wirst Du nach wenigen Monaten an der Uni über Deine ach-so-anstrengenden Abiturvorbereitungen nur müde lächeln können. Während Deines Studiums wirst Du nämlich ein ganz anderes Lernpensum bewältigen müssen. Aber erstens ist der Stoff doch um einiges spannender und zweitens wächst man ja bekanntlich mit seinen Aufgaben. Deswegen wirst Du bald ganz erstaunt feststellen, wie viel Du so in Deinen Kopf gepackt bekommst! Da der Anspruch an der Uni deutlich höher ist als in der Schule, kann es Dir aber durchaus passieren, dass Du mit angestammten Lernstrategien nicht weiterkommst. Während Du in der Schule noch ganz gut damit gefahren bist, Dir den gesamten Stoff in der Nacht vor der Klausur in den Kopf zu prügeln, wird dieser Versuch an der Uni vermutlich danebengehen. Deswegen gibt es in den nächsten Abschnitten ein paar Tipps zum erfolgreichen Lernen.

DAS RICHTIGE TIMING

Idealerweise bereitest Du Vorlesungen und Seminare gewissenhaft vor und nach und musst vor der Klausur nur noch mal für den Feinschliff in Deine sauberen Aufzeichnungen schauen. Realistischerweise steht diesem Ideal einiges im Weg – nicht nur Dein innerer Schweinehund, sondern auch Nebenjob und Besuch am Wochenende, spontaner Alkoholkonsum und der Wocheneinkauf und – nicht zu vergessen – die heimtückischen Ablenkungen von schönem Wetter oder schlechtem Wetter oder normalem Wetter.

Du wirst mit diesen Problemen nicht allein sein und sie sind auch nicht dramatisch, aber lass Dir zwei Dinge gesagt sein:

1) Es wäre wirklich besser, wenn Du kontinuierlich dranbleiben würdest. Zumindest ein bisschen. Genau wie Dein Magen verdaut auch Dein Gehirn kleine Häppchen deutlich besser als ein Fressgelage. Du solltest während des Semesters mindestens so viel Zeit in Vor- und Nachbereitung investieren, dass Du den Seminaren folgen kannst.

2) Wenn Du schon kein vorbildlicher Student sein kannst, dann sorge wenigstens dafür, dass Dich die Panik rechtzeitig erwischt – eher drei Wochen als drei Tage vor der Klausurenphase!

DER RICHTIGE ORT

Den richtigen Lernort zu wählen, kann gar nicht überschätzt werden! Ganz grundsätzlich solltest Du dort nicht ständig abgelenkt oder unterbrochen werden und Dich körperlich wohlfühlen. Weder die Wohnheimsküche noch der super unbequeme Schreibtischstuhl sind ideal. Sorge außerdem dafür, dass Du Deine Lernmaterialen greifbar hast und Du nicht permanent Zeit damit verschwendest, nach irgendetwas zu suchen. Das war es aber auch schon an allgemeinen Regeln. Je nachdem welcher Lerntyp Du bist und ob Du gerade versuchst, stupide etwas auswendig zu lernen oder komplizierte Zusammenhänge zu verstehen, bieten sich verschiedene Orte an. Probiere aus, wo Dir das Lernen besonders

leichtfällt und auch wenn Du in einem Motivationsloch festhängst, wirkt ein Lernortwechsel manchmal wahre Wunder!

Bibliothek

Viele Studenten schätzen die arbeitsame Atmosphäre und sind froh, dass sie die Bibliotheksregeln daran hindern, permanent zu snacken. In den Lernpausen hat man meist nette Gesellschaft und dank der sozialen Kontrolle durch andere fleißige Studenten verbringt man nicht den ganzen Vormittag auf Facebook. Wenn man dann nach Hause kommt, kann man den Lerntag für beendet erklären und sich ohne schlechtes Gewissen vor den Fernseher knallen. Andererseits hat die Bibliothek auch ihre Tücken. Gerade in Prüfungsphasen muss man Glück haben, einen vernünftigen Platz zu erwischen, die Klimaanlage ist eine einzige Fehlfunktion und der Nebenmann meint trotz Schweißfüßen das Schuhwerk ablegen zu müssen.

Zuhause

Nirgendwo kann man sich dem Lernen exzessiver hingeben als am heimischen Schreibtisch. Ist die Panik erst groß genug, spart man wertvolle Zeit, indem man sich ungeduscht noch im Schlafanzug hinter Büchern verschanzt und sich ohne Rücksicht auf Verluste exklusiv von Schokoriegeln ernährt. Aber auch in weniger dramatischen Situationen haben die eigenen vier Wände große Vorteile: Man kann beim Auswendiglernen laut vor sich hinbrabbeln, zwischendurch ein Nickerchen einschieben und ist von den Öffnungszeiten der Bibliothek unabhängig. Allerdings ist es auch deutlich schwieriger, keiner der zahlreichen Versuchungen

zu erliegen. Es braucht einiges an Selbstkontrolle, um dem un-
bändigen Drang zu widerstehen, endlich die Fenster zu putzen
oder die CD-Sammlung nach Farben zu sortieren. Und dann ist da
noch die neue Folge *Big Bang Theory,* die geschaut werden will,
und wenn der Mitbewohner so nett zum gemeinsamen Kochen
einlädt, sagt man ja auch nicht nein.

DIE RICHTIGE GESELLSCHAFT

Schon kurz nach Semesterbeginn werden sich die ersten Lerngruppen zusammenfinden und Du tust gut daran, Dir frühzeitig
Gedanken darüber zu machen, mit wem das Lernen klappen
könnte. Denn Lerngruppen können eine feine Sache sein – oder
der absolute Super-GAU. Du musst statt nur Dich selbst auch
noch Deine Lernbuddys mühsam überreden, endlich mit dem
Lernen anzufangen? Ihr verbringt Stunden damit, den nächsten
Termin oder das optimale Vorgehen abzusprechen? Oder versetzt
Euch gemeinsam in solche Panik, dass Ihr minutenlang schwerat-
mend vor einem viel zu langen Vorlesungsskript sitzt? Dann
könnte sich ein Wechsel oder Austritt aus der Lerngruppe aus-
zahlen. Eine gute Lerngruppe hingegen hat große Vorteile:

Sie motiviert Dich zum Lernen und hilft Dir, den Zeitplan
einzuhalten.

Im Gespräch mit den anderen kannst Du feststellen, in welchen
Bereichen Du noch Lücken hast.

- Ihr könnt gemeinsam herausfinden, was vom Stoff wirklich wichtig ist.

- Was man anderen erklärt, bleibt besonders gut im Hirn haften.

- Ihr könnt Euch gegenseitig mit wichtigen Infos weiterhelfen.

- Sie wirkt Deiner sozialen Vereinsamung während der Klausurenphase entgegen.

- Gemeinsames Leiden macht einfach mehr Spaß.

DIE RICHTIGE STRATEGIE

Wenn Timing, Ort und Gesellschaft stimmen, fehlt Dir eigentlich nur noch die richtige Lernstrategie, um die Prüfungen erfolgreich zu meistern. Während Du den Stoff in der Schule meist schon mundgerecht serviert bekommen hast, wird an der Uni mehr Eigeninitiative erwartet. Zunächst einmal musst Du Dir häufig die Lernmaterialen selbst beschaffen, seien es Folien zu der Vorlesung, Lehrbücher oder gar Originalartikel. Das solltest Du rechtzeitig erledigen, damit Du schon alles beisammen hast, sobald das Lernen in die heiße Phase geht. Bevor Du Dich dann in den Stoff stürzt, ist es entscheidend, dass Du Dir einen Überblick verschaffst. Welche Buchkapitel hat die Professorin angegeben? Gibt es alte Klausuren, an denen Du Dich orientieren kannst? Welches Thema ist besonders ausführlich behandelt worden? Häufig wirst Du unmöglich den gesamten Stoff behalten können. Anstatt alles nur

oberflächlich zu lernen, sollest Du Dich deswegen geschickt auf das Wichtigste konzentrieren. Pass auf, dass Du Dich nicht in Details verlierst oder zu viel Zeit auf der Suche nach nebensächlichen Informationen verschwendest. Eine gute Strategie ist es häufig, erst allen Stoff zusammenzutragen und dann nach und nach weniger wichtige Sachen zu streichen, bis der Stoff karteikartentauglich ist. Dieses Vorgehen hat mehrere Vorteile:

▶ Du behältst das große Ganze im Blick.

▶ Die wichtigsten Stichworte begegnen Dir bei jedem Kürzungsdurchgang wieder und prägen sich so ganz natürlich ein.

▶ Die weggekürzten Informationen lernst Du zwar nicht wörtlich auswendig, aber Du wirst Dich dennoch erstaunlich gut an sie erinnern. Um zu entscheiden, dass etwas unwichtig ist, musst Du Dich damit nämlich wenigstens ein bisschen auseinandergesetzt haben.

▶ Der Lernstoff bekommt eine deutliche Struktur, die auch das Abrufen leichter macht.

Von der Karteikarte in den Kopf

Wenn Du den Stoff ausreichend gekürzt und ergänzt hast, geht es darum, Dir diese erlesene Auswahl so zu merken, dass Du sie in der Prüfungssituation fehlerfrei wiedergeben kannst. Wahrscheinlich hast Du schon in der Schule gewisse Strategien beim Auswendiglernen angewendet. Aber um Dein Repertoire noch ein

wenig zu erweitern, gebe ich Dir hier ein paar Tipps, die bei mir immer super funktioniert haben.

Eselsbrücken

Um mehrere Begriffe aufzählen zu können sind Eselsbrücken hilfreich – beispielsweise lassen sich die Persönlichkeitseigenschaften des berühmten Fünf-Faktoren-Modells der Persönlichkeit[25] **OPENNESS, CONSCIENTIOUSNESS, EXTRAVERSION, AGREEABLENESS** und **NEUROTICISM (OFFENHEIT, GEWISSENHAFTIGKEIT, EXTRAVERSION, VERTRÄGLICHKEIT** und **NEUROTIZISMUS)** viel besser merken, wenn man weiß, dass ihre Anfangsbuchstaben das Wort **OCEAN** ergeben. Bildet man statt einem Wort aus den Anfangsbuchstaben einen Satz, ist es ein Kinderspiel für jede erdenkliche Aufzählung eine Eselsbrücke zu bauen. Die deutsche Version des Fünf-Faktoren-Modells lässt sich beispielsweise über den Satz »**O**lga **G**eht **E**xtra **V**iel **N**aschen« merken. Richtig, ein ziemlich dämlicher Satz, aber Du wirst bald feststellen, dass Unsinn Trumpf ist. Lass Deiner Fantasie freien Lauf – denn je blöder die Eselsbrücke, desto besser bleibt sie im Gedächtnis!

Den Stoff beleben

Bei so mancher trockener Theorie oder langen Symptomliste kann man schnell vergessen, dass Psychologie spannend ist und Dinge beschreibt und erklärt, die uns im alltäglichen Leben begegnen. „Grau, lieber Freund, ist alle Theorie, und grün des Lebens goldner Baum" schrieb schon Goethe und darum solltest

---

25 Quelle: McCrae, Robert; Costa, Paul, A Five-factor Theory of Personality

Du beim Lernen immer nach dem goldenen (oder grünen?) Baum hinter all der Theorie suchen. Wann hast Du dieses Phänomen schon einmal beobachten können? Für welche Anwendung könnte die Theorie eine Rolle spielen? Wie würdest Du die Begriffe Deinen Nicht-Psychologie-Freunden erklären? Besonders effektiv kann es auch sein, sich eine kleine Geschichte auszudenken oder sich im Kopf eine Person zu erschaffen, die beispielsweise alle Symptome einer bestimmten psychischen Störung aufweist. Stell Dir vor, wie dieser Prototyp sich unruhig auf dem Bett wälzt, dick oder dünn wird, in Tränen ausbricht oder Herzrasen bekommt. Je belebter und detaillierter Deine Vorstellung ist, desto eher wirst Du Dich an die einzelnen Symptome erinnern.

Wissen verknüpfen

Im Gegensatz zu einem Computer, dessen Festplatte irgendwann voll ist, lernen wir besser, je mehr wir bereits wissen. Denn der neue Stoff bleibt eher im Kopf haften, wenn mehr Verbindungen zu bereits Gelerntem hergestellt werden können. Wer bereits weiß, dass »ankommen« auf Englisch »to arrive« heißt, wird sich das Französische »arriver« mit Leichtigkeit merken können und begann der Mauerbau am Geburtstag der Mutter, erinnert man sich an das Datum wie von selbst. Der geschickte Lerner weiß das und sucht deswegen immer nach irgendwelchen Anknüpfungs-punkten. Welche Konzepte sind ähnlich? Wo gibt es Widersprüche? Bestehen Gemeinsamkeiten oder Überschneidungen mit anderen Theorien? Denkst Du so über den Stoff nach, wird es Dir sehr viel leichter fallen, neue Informationen zu lernen. Zudem prüfen Klau-suren häufig genau diese Fähigkeit zum Transfer ab. Dann geht es

nicht nur darum, dass Du Wissen stupide wiederkäust, sondern Du musst unter Beweis stellen, dass Du den Stoff in Beziehung zueinander setzen kannst. Hast Du das schon beim Lernen fleißig geübt, wirst Du die Antwort direkt parat haben.

DIE RICHTIGEN RAHMENBEDINGUNGEN

In Lernphasen musst Du außergewöhnlich viel Leistung erbringen und damit das klappt, solltest Du top in Form sein. Kein Marathonläufer käme auf die Idee, vor einem Wettbewerb nicht mehr zu schlafen, Mahlzeiten ausfallen zu lassen oder noch schnell mit der Freundin die Beziehung zu diskutieren. Und das Gleiche gilt für Dich!

Schlaf

Viele panische Studenten neigen dazu, ihre Lerntage auf Kosten von ausreichend Schlaf zu verlängern. Dabei ist das die denkbar schlechteste Strategie! Gerade jetzt brauchst Du genug Schlaf, damit Du tagsüber konzentriert, leistungsfähig und schnell bist. Aber nicht nur für das sogenannte Enkodieren, die Informationsaufnahme, ist guter Schlaf eine Grundvoraussetzung. Wenn Du nicht ausreichend schläfst, steht das auch der Konsolidierung, der Festigung der Gedächtnisinhalte, im Wege. Viele Befunde psychologischer Studien deuten darauf hin, dass sich Gelerntes erst im Schlaf richtig im Gehirn festsetzt und Du Dich so auch noch nach ein paar Tagen daran erinnern kannst.[26] Es bringt nichts, sich das

26 Quellen: Gais, Steffen; Lucas, Brian; Born, Jan, Sleep after Learning Aids Memory Recall, S. 259–262 sowie Born, Jan; Rasch, Björn; Gais, Steffen, Sleep to Remember, S. 410–424

Buch unter das Kopfkissen zu schieben – aber ein schönes Nickerchen nach einer anstrengenden Lerneinheit wirkt wahre Wunder! Selbstverständlich musst Du auch für das Abrufen des Gelernten ausgeschlafen sein. Vielleicht gelingt es Dir, noch in der Nacht vor der Klausur das letzte Kapitel des Stoffes durchzuarbeiten. Aber das hilft auch nichts, wenn Du dafür dann völlig gerädert in der Klausur sitzt, Dir die Buchstaben vor lauter Müdigkeit vor den Augen verschwimmen und Du Dich plötzlich an nichts mehr erinnern kannst.

Ernährung

Sorge dafür, dass Du genug isst. Idealerweise natürlich ausgewogen und gesund. Du weißt schon, Vollkornprodukte, frisches Obst und so weiter. Aber was schon im normalen Alltag häufig an Zeitmangel scheitert, wird sich in der Lernphase noch schlechter umsetzen lassen. Deswegen sind Toast mit Nutella und Ravioli aus der Dose auch in Ordnung. Du solltest nur vermeiden, auf Mahlzeiten zu verzichten, um Zeit zu sparen oder weil Dir der Stress den Appetit nimmt. Dein Hirn soll gerade Höchstleistungen erbringen und da soll ein lächerlicher Müsliriegel ausreichen? Beim Lernen verbraucht man sehr viele Kalorien – für so manchen ist die Klausurenphase die einzige Zeit des Jahres, wo Schokolade und Co. nicht direkt auf die Hüften wandern, sondern ohne Konsequenzen in rauen Mengen konsumiert werden können. Kümmere Dich also darum, dass Dein Lernerfolg nicht am leeren Kühlschrank scheitert.

Sport

Wenn Du weißt, dass Dir die wöchentliche Stunde Fitnesstraining total gut tut oder Dich Deine Joggingeinheit um den See unglaublich entspannt, gibt es keinen Grund, Deine sportlichen Aktivitäten während der Lernphase einzustellen. Natürlich musst Du mit Deiner Zeit haushalten, aber entspannt und gut gelaunt lernt es sich viel effektiver.

Psychisches Wohlbefinden

Manche Menschen sind wahre Meister darin, zwischenmenschliche Konflikte kurz vor oder besser noch während der Prüfungsphase eskalieren zu lassen. Natürlich gibt es manchmal Probleme, die sich nicht aufschieben lassen, aber häufig ist es möglich, sie zunächst zu entschärfen und auf einen günstigeren Zeitpunkt zu verschieben. Du weißt, dass Dich ein Telefonat mit Deinem Ex-Freund aufwühlen wird? Es gibt da diese eine Freundin, die Dich selbst in entspannten Momenten wirklich nervt? Oder Du würdest mit Deinen Mitbewohnern gern über die Einhaltung des Putzplanes sprechen? Verschieb das doch lieber auf die Semesterferien. Erstens verhinderst Du damit, dass Du stundenlang grübelnd und grollend am Schreibtisch sitzt, anstatt zu lernen, und zweitens verlaufen Konflikte meist friedlicher, wenn Du nicht sowieso schon mental auf dem Zahnfleisch gehst.

Pausen

Regelmäßige Pausen machen Dich beim Lernen sehr viel effektiver. Versuche gar nicht erst, vier Stunden am Stück zu pauken, sondern plane immer mal wieder fünfminütige Unterbrechungen ein.

Dabei solltest Du nicht einfach weiterhin vor dem Computer hängen und Dich durch Nachrichtenseiten klicken oder Deinen Facebook-Newsfeed aktualisieren, sondern für kurze Zeit etwas wirklich anderes machen. Finde heraus, was am besten für Dich funktioniert. Vielleicht ein Minispaziergang um die Bibliothek? Ein kurzes Schwätzchen am Kaffeeautomaten? Ein schnelles Nickerchen? Oder ein leckerer Snack? Verlässt Du Deinen Arbeitsplatz, dann verscheucht das nicht nur die Müdigkeit, sondern verhindert auch Rückenschmerzen vom vielen Sitzen und trockene, brennende Augen vom Starren auf den Bildschirm. Selbstverständlich sollten Deine Pausen nur kurze Unterbrechungen des Lernens sein – und nicht das Lernen kurze Unterbrechungen Deiner Pausen!

⊖ ## WAS DU TUNLICHST LASSEN SOLLTEST

Zum Abschluss dieses Abschnittes über das richtige Lernen für Klausuren gibt es noch ein paar Warnungen vor sehr ungünstigen und schädlichen Verhaltensweisen.

Self-Handicapping[27]

Du hast die Klausur verhauen, weil Du leider am Abend vorher noch ausgehen musstest und einen fiesen Kater hattest? Die schlechte Note überrascht Dich gar nicht, weil Du ja auch nicht richtig gelernt hast? Das wäre alles besser gelaufen, wenn Du nicht das entscheidende Buch bei Deinem Freund hättest liegen lassen? Du bist nur durchgefallen, weil Du doppelt so viele Kurse

27 Quelle: Jones, Edward; Berglas, Steven, Control of Attributions about the Self through Self-handicapping Strategies: The Appeal of Alcohol and the Role of Underachievement. Personality and Social Psychology Bulletin 4, S. 200–206

belegt hast, wie empfohlen? Dann stehen die Chancen nicht schlecht, dass Du sogenanntes **SELF-HANDICAPPING** betreibst. Weil ein schlechtes Klausurergebnis auch immer den Selbstwert bedroht (»Bin ich zu dumm für dieses Studium?«), neigen Menschen manchmal dazu, sich selbst Hindernisse in den Weg zu räumen, die eine gute Leistung von vornherein ausschließen. Wenn Du in der Nacht vor der Klausur nur eine Stunde geschlafen hast, lag es natürlich an der Müdigkeit und nicht an mangelnden geistigen Fähigkeiten, dass Du sie versemmelt hast. Stellst Du ein solches Verhalten bei Dir selbst fest, kann es hilfreich sein, die Klausur wieder in Perspektive zu rücken: Wird man Dich weniger schätzen, wenn Du nicht so toll abschneidest? Bist Du nur bei voller Punktzahl ein wertvoller Mensch? Oder macht das Ergebnis nicht eher nur einen winzigen Teil von Dir aus? Betreibst Du extensives Self-Handicapping und leiden sowohl Deine Leistungen als auch Dein Wohlbefinden massiv darunter, solltest Du Dir professionelle Hilfe holen, beispielsweise bei der psychologischen Beratung Deiner Uni.

Neuro-Enhancer/Hirndoping

Leider kommt es immer häufiger vor, dass Studenten meinen, sie müssten sich mit irgendwelchen Mittelchen oder Pillen für ihr Studium dopen. Abgesehen davon, dass der erwartete Effekt, wie eine höhere Konzentration oder bessere Gedächtnisleistung, häufig genug gar nicht eintritt, ist der Preis dafür auch zu hoch. Genau wie bei Doping im Sport bezahlt man mit seiner Gesundheit. Wer ein bisschen über die komplizierten Vorgänge in unserem Gehirn Bescheid weiß, wird einen Teufel tun zu riskieren, dass

das sorgsam ausbalancierte System durch Pilleneinwurf außer Kontrolle gerät. Finger weg!

Aber selbst legale und vergleichsweise harmlose Drogen wie Kaffee oder Energydrinks solltest Du zur Leistungssteigerung lieber nur im Endspurt einsetzen. Übermäßiger Koffeinkonsum über längere Zeit beeinträchtigt Deine Leistungsfähigkeit und ist nicht gesund, vor allem, wenn Du versuchst, dadurch Schlaf zu ersetzen. Abschreckende Beispiele findest Du genug in der Bibliothek. Man kann förmlich sehen, wie der Lernstoff an den glasigen Augen der Espresso-Zombies und Redbull-Junkies abprallt, während sie schläfrig und hektisch zugleich durch ihre Skripte blättern.

Beruhigungsmittel

Deutlich häufiger als zu Tabletten für Hirndoping greifen Studenten zu Mittelchen, die die Nerven beruhigen sollen. Aber auch das solltest Du besser lassen. Beruhigungsmittel sind meist gesundheitsschädlich, machen abhängig, verringern Deine kognitive Leistungsfähigkeit und verhindern zudem, dass Du effiziente Strategien zur Selbstberuhigung entwickelst. Vielleicht tut es ja auch erst einmal der Kräutertee *Schlaf schön*, die Wärmflasche auf dem Bauch oder eine warme Milch mit Honig? Hilft es Dir, mit Deiner Mutter zu telefonieren oder am Prüfungstag Deine Glückssocken anzuziehen? Was kannst Du essen, auch wenn Dir im Magen etwas flau ist? Und hast Du schon festgestellt, wie man sich selbst entspannen kann, wenn man sich zu ruhigem, regelmäßigen Atmen zwingt? Gewöhnst Du Dir hingegen schon im Studium einen ungünstigen Umgang mit Stress an, dann wirst Du

auch später immer wieder in dieses Muster zurückfallen und Dir dauerhaft Schaden zufügen. Wenn Du ohne eine halbe Flasche Wein zu kippen nicht mehr einschlafen kannst, Du in den Wochen vor den Klausuren ausschließlich Zwieback isst oder Dich vor Prüfungen regelmäßig übergibst, sollten alle Alarmglocken schrillen. Prüfungsangst lässt sich sehr effektiv behandeln – Coachings, Beratungen oder kurze Therapien sind gegenüber bunten Pillchen und Alkoholkonsum definitiv die besser Wahl!

REFERATE

Während Deines Studiums wirst Du sehr viele Referate halten müssen. Meistens zählen sie als aktive Teilnahme in einem Seminar und werden nicht benotet. Aber schon allein aus Respekt vor Deinen Kommilitonen solltest Du Dir bei der Referatsvorbereitung Mühe geben. Außerdem wird in vielen Berufsfeldern von Dir erwartet, dass Du Inhalte vor einer größeren Gruppe gut vortragen kannst – sei es nun in einer Forschungseinrichtung beim Vorstellen von Projektideen, im Marktforschungsunternehmen bei der Ergebnispräsentation oder während eines Workshops zur Personalentwicklung. Also nutze Dein Studium, um diese Fertigkeit zu erwerben beziehungsweise zu verbessern.

Die Folien

Üblicherweise erstellst Du für Dein Referat PowerPoint-Folien und zeigst sie während des Vortrages. Hierfür gilt grundsätzlich: Weniger ist mehr! Deine Zuhörer sollen dem Vortrag lauschen und nicht damit beschäftigt sein, einen halben Roman auf den

Folien zu lesen. Beschränke Dich also auf die wichtigsten Begriffe und Stichpunkte und präsentiere lieber Grafiken oder ab und an ein passendes Bild. Wähle außerdem eine Schriftgröße, für die auch die letzte Reihe kein Fernglas braucht, und lass die Finger von unseriösen PowerPoint-Spezialeffekten. Spiralförmig einfliegende Überschriften und Explosionsgeräusche beim Folienwechseln werden inhaltliche Schwächen nicht vertuschen können und lenken von einem guten Vortrag nur unnötig ab.

Der Vortrag

Ganz oben auf der Tabuliste für Referate steht ein auswendig gelernter oder schlimmer noch abgelesener Vortrag. Wahrscheinlich hast Du ein solches Referat selbst schon einmal als Zuhörer durchlitten und wirst jetzt heftig mit dem Kopf nicken. Dennoch meinen Studenten erstaunlicherweise immer wieder, dass eine solche Vortragsweise für ihr eigenes Referat eine famose Idee sei. Du hast Angst, dass Du plötzlich nicht mehr weißt, was Du sagen sollst, Du Dich durch die Folien stotterst und einfach nicht die richtige Formulierung findest? Dann lass Dir gesagt sein, dass Stottern, Steckenbleiben oder seltsame Sätze immer noch um Längen besser sind, als von einem abgelesenen Text ins Schlummerland gebeamt zu werden. Die folgenden Tipps helfen Dir bei der Vorbereitung Deines Vortrages.

Tipp 1: Mach Dir zusätzlich zu den Folien Stichworte, bleib aber unbedingt bei einzelnen Punkten und schreib keine ganzen Sätze auf.

Tipp 2: Sprich das Referat mehrfach allein durch. Gibt es Stellen, an denen Du immer wieder hakst? Dann kannst Du notfalls einen einzelnen Satz oder Satzanfang auswendig lernen.

Tipp 3: Denk daran, dass niemand von Dir perfekte Formulierungen erwartet. Sprich einfach ganz natürlich, wie Du es auch im normalen Leben tun würdest.

Tipp 4: Übe den Vortrag, wenn Du Dich unsicher fühlst, vor Freunden oder Deiner Familie.

Tipp 5: Gibt es für Dein Referat eine Zeitvorgabe, solltest Du unbedingt die Zeit mit einer Stoppuhr nehmen und den Vortrag ggf. kürzen.

HAUSARBEITEN

Im Vergleich zu anderen Studienfächern wie Pädagogik oder Germanistik wirst Du in der Psychologie recht wenige Hausarbeiten schreiben müssen. Gerüchten zufolge gelingt es manchen Studenten gar, sich durch geschickte Kurswahl komplett davor zu drücken. Allerdings muss jeder selbst wissen, ob es schlau ist, erst bei der Bachelorarbeit ins kalte Wasser zu springen und Literaturrecherche und wissenschaftliches Schreiben zu erproben. Da bei Haus- und Bachelorarbeiten fast die gleichen Hürden zu nehmen sind, folgen die Tipps zu diesen beiden Prüfungsleistungen kompakt im nächsten Abschnitt.

7.5
DIE BACHELORARBEIT

Die Anforderungen an Bachelorarbeiten sind von Uni zu Uni unterschiedlich. Während mancher Bachelorstudent mehrere Monate an einer eigenen empirischen Erhebung tüftelt und Vorgehen und Ergebnisse umfassend zu Papier bringt, schreibt ein Student in der Nachbarstadt vielleicht nur eine bessere Hausarbeit. In Deiner Prüfungsordnung oder manchmal auch in extra Informationsblättern zur Bachelorarbeit kannst Du alle grundlegenden Informationen nachlesen.

DU SOLLTEST VORAB FOLGENDE FRAGEN KLÄREN:

1) Soll die Arbeit theoretisch oder empirisch sein? Manche Unis schreiben dies vor, während Du an anderen frei wählen kannst. Da Du bei einer empirischen Arbeit Daten selbst auswerten und manchmal gar erheben musst, steht Dir hierfür meist eine längere Bearbeitungszeit zu.

2) Wie viel Zeit hast Du für die Bearbeitung? Unter Absprache mit ihrem Betreuer beginnen viele Studenten mit der Arbeit schon vor der offiziellen Anmeldung. Ein paar Wochen sind in Ordnung, aber wenn Du monatelang an einer Bachelorarbeit werkelst, für die Du läppische zehn CPs bekommst, tust Du Dir selbst keinen Gefallen. Je länger Du an der Arbeit sitzt, desto höher wird nämlich auch der Anspruch Deines Betreuers.

3) Welchen Umfang soll die Arbeit haben? Hierfür gibt es meist sowohl eine Unter- als auch eine Obergrenze und wer zehn Seiten mehr abliefert als erlaubt, wird dafür bei der Bewertung böse abgestraft.

4) Welche formalen Vorgaben gibt es? Wer darf die Arbeit betreuen? Wann kannst Du Dich anmelden? Wie muss sie formatiert sein? Und bei wem gibst Du das fertige Meisterwerk ab?

Hast Du all diese Punkte abgeklärt, sind wichtige Weichen für eine erfolgreiche Arbeit gestellt und Du kannst Dich nun um das passende Thema und den richtigen Betreuer kümmern.

THEMEN- UND BETREUERWAHL

Natürlich wäre es nett, wenn Du über ein Thema schreiben könntest, das Dich wirklich begeistert. Andererseits ist eine Bachelorarbeit auch keine Promotion und man übersteht es durchaus schadlos, sich knapp drei Monate seines Lebens mit etwas zu beschäftigen, das man bestenfalls als mittelgradig interessant einstufen würde. Sprich, es ist davon abzuraten, die Suche nach dem perfekten Bachelorarbeitsthema zur Lebensaufgabe zu erklären. Suche Dir lieber einen Betreuer, mit dem Du gut zurechtkommst, der vernünftige Vorstellungen davon hat, was von einer Bachelorarbeit zu erwarten ist, und dessen Forschungsgebiet Du optimalerweise spannend findest. Guten Vorschlägen für Bachelorarbeiten gegenüber sind Professoren häufig sehr aufgeschlossen oder Du

kannst Dir aus einer Liste möglicher Themen, das aussuchen, was Dich am meisten anspricht.

RECHERCHE UND SCHREIBEN

Thema und Betreuer stehen fest und Du bist Dir über die formalen Anforderungen im Klaren? Dann kannst Du Dich voller Elan in die Arbeit stürzen.

Literaturrecherche

In Zeiten von Google-Scholar hat die Literaturrecherche deutlich an Schrecken verloren. Niemand muss sich mehr durch seltsam sortierte Karteikartenkästchen wühlen und in dunklen Bibliothekskellern verstaubte Zeitschriftenbände ausgraben. Da in der Psychologie Bücher im Vergleich zu Zeitschriftenartikel wenig bedeutsam sind, lässt sich fast alle relevante Literatur auf **scholar. google.de/** finden und lesen. Du musst allerdings entweder von einem Computer in der Uni aus arbeiten oder Dich mit Deinem Heimcomputer in das Netz der Universität einloggen, um auf den Volltext der Zeitschriftenartikel zugreifen zu können.

Ein weiterer großer Vorteil von Google-Scholar ist, dass Du anders als bei Bibliothekssuchmasken keine neuen Regeln für die Suche erlernen musst. Eine kleine Herausforderung gibt es allerdings noch: Da die meiste Fachliteratur in der Psychologie auf Englisch verfasst ist, müssen auch Deine Stichworte auf Englisch sein. Für einen Einstieg in die Literatursuche zu einem bestimmten Thema ist das folgende Vorgehen hilfreich:

1) Schaue Dir den Eintrag zu Deinem Thema auf Wikipedia an.

2) Klicke in der Menüleiste links im Bild auf Englisch und lies denselben Eintrag im englischen Wikipedia nach.

3) Suche die relevanten Fachbegriffe und Stichworte heraus und gib sie bei Google-Scholar ein.

4) Lade die zum Thema passenden Fachartikel runter.

5) Studiere das Literaturverzeichnis genau – davon ausgehend findest Du weitere relevante Literatur.

Ein Wort der Warnung: Bloß weil Du das Internet zur Literaturrecherche nutzt, heißt das nicht, dass Wikipedia-Einträge oder dubiose Texte von Webseiten als Quellen taugen. Nach wie vor wird erwartet, dass Du aus Fachartikeln, die in renommierten Zeitschriften erschienen sind, oder natürlich aus Fachbüchern zitierst.

Plagiate und richtiges Zitieren

Spätestens seit dem Guttenberg-Skandal dürfte jedem klar sein, dass Plagiate kein Kavaliersdelikt sind. Während bei unserem ehemaligen Verteidigungsminister leider alle Kontrollmechanismen der Universität versagt haben, kann es Dir durchaus passieren, dass Du bei einem ähnlichen Vergehen von der Uni fliegst. Grundsätzlich sollte es die absolute Ausnahme bleiben, ganze Sätze oder

Abschnitte wörtlich zu übernehmen. Lässt es sich nicht vermeiden, musst Du unter allen Umständen durch Anführungszeichen und Quellenangabe deutlich machen, dass Deine Eigenleistung an dieser Stelle der Arbeit aus *copy & paste* bestand. Aber auch wenn Du nur einen Gedanken, eine Information oder die Struktur eines Buchkapitels übernimmst, solltest Du das angeben. Um ein Gefühl für das richtige Zitieren zu bekommen, kannst Du Dir eine sehr gut bewertete Hausarbeit oder Bachelorarbeit besorgen und am besten alle Quellenangaben farbig anstreichen. Dir wird es sehr bunt entgegen leuchten. Bei einer Hausarbeit, einer theoretischen Bachelorarbeit und im Einleitungsteil einer empirischen Bachelorarbeit ist es Deine Aufgabe, Theorien und Erkenntnisse zu einem bestimmten Thema ausfindig zu machen, zu strukturieren und in eigenen Worten wiederzugeben. Es ist also gar nicht gefragt, dass Du Dich kreativ verausgabst und Dir selbst Erkenntnisse aus den Fingern saugst. Nur der allerkleinste Teil Deiner Arbeit sind Schlussfolgerungen, die Du selbst ziehst. Bei allen anderen Aussagen berufst Du Dich auf etwas, was jemand bereits veröffentlicht hat, und musst das dann selbstverständlich auch angeben. Als Daumenregel gilt – im Zweifelsfall für die Quellenangabe!

Die Tatsache, dass Du zitierst, wird den Bewerter Deiner Arbeit allein aber noch nicht glücklich machen. Du musst auch noch richtig zitieren und das heißt in der Psychologie, sich nach den Regeln der **AMERICAN PSYCHOLOGICAL ASSOCIATION (APA)** zu richten. Egal, ob Zeitschriftenartikel oder Konferenzbeitrag – in ihrem *Publication Manual* gibt die APA genau an, was in Deiner Quellenangabe enthalten sein muss und wo Punkte, Kommas, Klammern und Co. zu stehen haben. Das ist fast eine

Wissenschaft für sich, aber für Haus- und Bachelorarbeit sollten die Vorgaben reichen, die Du dazu auf der Seite **www.apa-style.org/learn/faqs/index.aspx** findest. Außerdem gibt es Literaturverwaltungsprogramme, wie beispielsweise *EndNote* oder das Freeware-Programm *Zotero*, die Dir bei der richtigen Formatierung helfen. Mehr dazu findest Du unter **endnote.com** oder **www.zotero.org**.

Stil und Sprache

Bachelor- und Hausarbeiten sind wissenschaftliche Arbeiten – sozusagen schlicht gekleidete Texte, die mit ernstem Gesicht eine wichtige Nachricht überbringen. Verschnörkelte Sätze, ausufernde Metaphern und Umgangssprache gehören in Romane, E-Mails und Blogs aber nicht in Deine Bachelorarbeit. Vermeide zudem unter allen Umständen Ich-Sätze, die erzählen, was Du gemacht hast oder machen wolltest, oder mitteilen, was Du denkst, glaubst, meinst und vermutest. Lass Dich beim Schreiben am besten von guten wissenschaftlichen Texten inspirieren. Wähle hierfür Arbeiten, die mit Deinem eigenen Thema nichts zu tun haben, um der Gefahr von versehentlichen Plagiaten zu entgehen und zücke dann Dein Vokabelheft: Welche Formulierungen verwendet der Autor, um ins Thema einzuführen? Wie macht er kenntlich, was seine eigene Einschätzung ist? Welche Überleitungen verwendet er? Und gibt es Schlussformeln, die Du auch gebrauchen könntest?

Neben dem richtigen Stil ist es von großer Bedeutung, dass Du die korrekten Fachbegriffe verwendest. Widerstehe der Versuchung, diese durch selbstkreierte Umschreibungen zu ersetzen, um Wie-

derholungen zu vermeiden. In einer Bachelorarbeit über Selbstregulation wird dieses Wort ganz unvermeidbar einige Male auftauchen und selbst sperrige Begriffsungetüme wie »Diagnosekriterien für eine depressive Episode« musst Du im Zweifelsfall durch Deine gesamte Arbeit schleppen. In der Wissenschaft hat Eindeutigkeit immer Vorrang vor Schönheit.

Selbstverständlich erwartet man von Dir eine grammatikalisch tadellose, einheitlich formatierte und rechtschreibfehlerfreie Arbeit. Egal wie Du persönlich zu Groß- und Kleinschreibung und Rechtschreibreformen stehen magst, der Leser Deiner Arbeit wird Dir Rechtschreibfehler immer als mangelnde Sorgfalt, absolute Unfähigkeit oder fehlende Motivation auslegen. Wie anders ist es auch zu interpretieren, wenn Du das rotkringelige Augenrollen der Word-Rechtschreibkontrolle einfach ignorierst? Aber auch wie Kraut und Rüben formatierte Überschriften und zerrupfte Tabellen werden der Benotung Deiner Arbeit nicht gut tun; sie zeugen von ähnlicher Schusseligkeit oder gar Geringschätzung dem Leser gegenüber wie Kaffeeflecken und Eselsohren. Wenn Dir selbst der Blick dafür fehlt, solltest Du Freunde oder Verwandte mit einem Rotstift bewaffnen und ihnen Deine Arbeit vorlegen. Wer dann die meisten Fehler findet, hat sich eine Tüte Gummibärchen verdient.

ZEITPLANUNG

Bemühe Dich um eine realistische Zeitplanung, die Mittagstiefs, Motivationsflauten und Virusinfektionen – bei Dir oder Deinem Computer – miteinbezieht. Oder willst Du zu jenen bedauerns-

werten Gestalten gehören, die dem Copy-Shop-Besitzer kurz vor Mitternacht ihre Seele verkaufen würden, nur damit die in letzter Minute in einem Panikanfall zusammengetippte Bachelorarbeit noch rechtzeitig gedruckt wird? Plötzliche Hautalterung, ein Stresshormonlevel jenseits von Gut und Böse und hohe moralische Schulden bei allen, die Dich im Endspurt unter großem persönlichem Einsatz gerettet haben, sind weitere unschöne Nebenwirkungen unzureichender Zeitplanung. Überlege Dir also, welche einzelnen Schritte für die Fertigstellung nötig sind, schätze, wie lange Du jeweils dafür brauchst, und halte das Ganze schriftlich fest. Dann stellst Du nicht erst eine Woche vor Abgabe fest, dass Du Dein Freizeitleben wohl etwas hättest zurückfahren müssen, um mit der Arbeit rechtzeitig fertig zu werden oder dass Du Dich viel zu lange mit der Literaturrecherche aufgehalten hast. Beim Erstellen eines Zeitplanes gilt es, Folgendes zu beachten:

▶ Du brauchst immer länger, als Du zunächst denkst.

▶ Deine Korrekturleser sitzen nicht den ganzen Tag vor dem Computer, um Deine zu spät eintrudelnde Arbeit binnen weniger Stunden gegenzulesen. Plane extra Zeit ein und kläre rechtzeitig ab, wann Du ihren Einsatz brauchst.

▶ Der letzte Schliff, wie das Einarbeiten der Korrekturen und die Formatierung, wird Dich mehr Zeit kosten, als Dir lieb ist, und sollte auf gar keinen Fall mangelnder Planung zum Opfer fallen.

▶ Keine Bachelorarbeit ohne kleinere oder größere Panne! Eine eingeplante Pufferwoche verhindert einen harten Crash mit der Realität, wenn Dein Computer die Formatierung zerhackt oder Du plötzlich noch mal die Gliederung umwerfen musst.

Prokrastination

Die beste Zeitplanung bringt nichts, wenn man sich einfach nicht daran hält. Anstatt endlich mit der Literaturrecherche anzufangen, sortierst Du lieber Deine Teesorten alphabetisch? Verbringst einen ganzen Nachmittag mit der Suche nach einer Lampe, die Deinen zukünftigen Arbeitsplatz optimal ausleuchtet? Oder Du postest lustige Bildchen über das Übel des Prokrastinierens auf Facebook? Willkommen im Club. Bei den meisten Studenten würden all die Stunden, die solchen sinnlosen Aufschiebetaktiken zum Opfer gefallen sind, locker für einen mehrmonatigen Urlaub ausreichen. Ein Geheimrezept gegen dieses Übel kann ich Dir leider nicht anbieten – falls Du es findest, lass es mich unbedingt wissen! Ein Zeitplan, der Dir mental in den Hintern tritt, ist kein schlechter Anfang und auch die Androhung, sich selbst bei anhaltendem Aufschiebeverhalten den Kinobesuch oder das Pauseneis zu streichen, kann manchmal helfen. Vereinbare mit Deinen Mitbewohnern, dass sie Dich immer wieder zurück an den Schreibtisch schicken und bitte Deine Freunde, sich bei jedem Treffen nach den Fortschritten Deiner Arbeit zu erkundigen. Eine ganz ausgefuchste Strategie ist es, Prokrastination mit Prokrastination zu bezwingen – Du drückst Dich vor der Literaturrecherche, aber hast noch weniger Lust nach Praktikumsstellen zu suchen? Dann setzte die Stellensuche auf Platz eins Deiner To-do-Liste und

verbiete Dir eindringlich, Deine Zeit bei Google-Scholar zu verschwenden. Ehe Du Dich versiehst, wirst Du Dich einen ganzen Nachmittag durch wissenschaftliche Artikel gelesen haben, nur damit Du Dich vor der Stellensuche drücken kannst.

EXKURS: DER PREIS DER FREIHEIT ODER DAS SCHLECHTE GEWISSEN

Wie Du in den vorangegangen Abschnitten erfahren hast, verlangt Dir ein Studium einiges an Selbstorganisation und Selbstkontrolle ab. Viel mehr als zu Schulzeiten bist Du nun Dein eigener Herr und legst fest, wann Du was tun oder nicht tun möchtest. Nur selten wird es Dir allerdings gelingen, alle Deine Bedürfnisse unter einen Hut zu bringen. Und Du wirst Dich häufig gegen Deine Vernunft und für Deinen inneren Schweinehund entscheiden. Deswegen ist den allermeisten Studenten ihr schlechtes Gewissen ein treuer Begleiter während des gesamten Studiums. Egal ob Du Dich gerade im Freibad sonnst oder phlegmatisch vor dem Fernseher hängst, es gibt immer dieses böse »eigentlich«. Eigentlich solltest Du jetzt das Biopsychologiereferat vorbereiten oder zumindest den Artikel zur Emotionsregulation lesen. Eigentlich wäre es besser, jetzt endlich mit der Klausurvorbereitung anzufangen oder mit der Literaturrecherche für die Hausarbeit. Da Dich aber schon allein der Gedanke an all die Arbeit nachhaltig erschöpft, bleibst Du auf Handtuch oder Couch liegen und fühlst Dich mies. Selbstverständlich ist das nicht die schlauste aller Strategien. Schließlich streichst Du so weder etwas von Deiner langen To-do-Liste noch kannst Du das Nichtstun wirklich genießen.

159

Dummerweise lässt sich das Problem kaum lösen, indem Du erst den großen Berg an Aufgaben abarbeitest, um dann eine wirklich entspannte Freizeit zu haben. Denn der Berg wächst mit und neben all den Dingen, die Du wirklich erledigen musst, häufen sich auch noch fast unendlich viele Aufgaben, denen Du Dich widmen könntest (War da nicht noch dieses tolle Fachbuch, das die Dozentin empfohlen hatte?). Deswegen solltest Du Dir zumindest ab und zu Urlaub vom schlechten Gewissen geben. Nein, an Weihnachten solltest Du nicht Dein Wirtschaftspsychologieskript überarbeiten und an Deinem Geburtstag hast Du Dir selbstverständlich eine Pause verdient. All die Energie, die Du sparst, weil Du Dich ausnahmsweise mal nicht schlecht fühlen musst, kannst Du dann am nächsten Tag wieder in effektives Arbeiten investieren.

8
RAUS INS LEBEN –
PRAKTIKA

Für Psychologiestudenten ist mindestens ein Praktikum während des Studiums verpflichtend Häufig lässt die Prüfungsordnung aber auch zu, dass Du die geforderte Praktikumszeit auf verschiedene Stellen aufteilst. Einerseits können Praktika extrem lästig sein – sie wollen in Deinen wohlverdienten Semesterferien absolviert werden, bringen Dir so gut wie nie auch nur einen Cent und Du hast oft genug das Abo auf die stupiden Aufgaben, die niemand sonst erledigen will. Andererseits ist es insbesondere in einem Studiengang, der nicht auf ein klares Berufsziel hinausläuft, durchaus sinnvoll, vor dem Berufseinstieg oder der Entscheidung für einen spezialisierten Masterstudiengang in verschiedene Bereiche hineinzuschnuppern.

8.1
WAHL DES PRAKTIKUMSPLATZES

Bevor Du Dich auf die Suche nach einem geeigneten Praktikumsplatz machst, solltest Du Dir genau überlegen, was Du Dir von einem Praktikum versprichst. Viele Studenten kümmern sich erst

viel zu spät um einen Platz und landen dann einfach bei dem Praktikum, das noch am schnellsten oder bequemsten zu bekommen war. Im Zweifelsfall vergeben sie damit die wichtige Chance, nochmals ihren Berufswunsch zu korrigieren. Vielleicht stellst Du in der Psychiatrie plötzlich fest, dass Dich der Umgang mit psychisch Kranken völlig fertig macht. Oder Du entdeckst beim Praktikum in der Personalabteilung, dass Dich Arbeitspsychologie doch eher auf einem rein theoretischen Niveau interessiert? Aber es entgehen Dir nicht nur solche wichtigen Erkenntnisse, Notlösungs-Praktika sind auch nur selten wirklich interessant und werden Dir kaum dabei helfen, in einer bestimmten Branche einen Fuß in die Tür zu bekommen.

Hast Du eine einigermaßen genaue Vorstellung davon, was Du möchtest, helfen bei der Suche nach einem konkreten Platz häufig das Schwarze Brett in der Uni oder eine Übersicht über mögliche Praktikumsgeber, die die Fachschaft zusammengestellt hat. Frag dort auch nach, ob es möglich ist, in alte Praktikumsberichte reinzuschauen, so kannst Du schon direkt checken, ob Dir ein solches Praktikum liegen würde. Du kannst Dich auch bei älteren Kommilitonen erkundigen oder eventuell bei Dozenten oder Professoren nachfragen, wenn Du vermutest, dass sie Kontakte in einen bestimmten Bereich haben. Auch das Internet hilft mit zahlreichen Praktikumsbörsen weiter. Onlinestellenanzeigen können vor allem dann praktisch sein, wenn Du nicht in Deiner eigenen Stadt nach einem Praktikum suchst. Besonders informativ sind hier das Bewertungsportal **www.meinpraktikum.de**, in dem Du direkt sehen kannst, wie gut anderen Studenten das jeweilige Praktikum gefallen hat, und die Praktikumsbörse **karriere.unicum.de/praktikum**.

8.2
DIE BEWERBUNG

Bewerbungen für einen Praktikumsplatz unterscheiden sich oft kaum von solchen für richtige Stellen oder Nebenjobs. Damit bietet Dir die Bewerbung um einen Praktikumsplatz eine gute erste Möglichkeit, um Dich auf diesen wichtigen Schritt vorzubereiten. Sei darum auch nicht zu sparsam, sondern bewirb Dich gleichzeitig bei mehreren interessanten Optionen. Das erhöht Deine Chancen und ist ganz nebenbei ein super Bewerbungstraining für den Ernstfall.

DIE SCHRIFTLICHE BEWERBUNG

Bei einer schriftlichen Bewerbung erwartet man üblicherweise ein **ANSCHREIBEN** von Dir. Darin gibst Du an, worum Du Dich bewirbst, stellst Dich selbst kurz vor, erläuterst die Gründe für eine Bewerbung ausgerechnet bei diesem Unternehmen oder dieser Einrichtung und skizzierst, wie der potenzielle Praktikumsgeber von Deiner Anwesenheit profitieren könnte. Denk daran, niemand möchte ein seitenlanges Anschreiben lesen – für eine Praktikumsbewerbung sollte eine halbe Seite absolut ausreichen.

Außerdem musst Du natürlich einen **TABELLARISCHEN LEBENSLAUF** verfassen. Auch hier liegt die Würze in der Kürze – behalte im Hinterkopf, dass vielbeschäftigte Menschen die Information, wo Du den Kindergarten besucht hast, vermutlich nicht recht zu würdigen wissen. Dein Lebenslauf sollte die wichtigsten Eckdaten, wie Abiturnote, Studienbeginn und schon bestandene

Prüfungen, enthalten und sich ansonsten vor allem auf Informationen konzentrieren, die Dich für das Praktikum besonders qualifizieren. Du hast Dich während der Schulzeit schon ehrenamtlich im sozialen Bereich engagiert? Dein Auslandsaufenthalt bescheinigt Dir, dass auch Gespräche in englischer Sprache keine Herausforderung für Dich sind? Du kannst ein Stipendium vorweisen, das durchblicken lässt, dass man Dich durchaus gebrauchen kann? Dann sollte das in Deinem Lebenslauf prominent auftauchen. Je nach Geschmack kann man seinen Lebenslauf auch noch gezielt mit nicht unmittelbar relevanten Informationen würzen, die nicht Deine Verwertbarkeit als Arbeitskraft herausstellen, sondern Dich für den Praktikumsgeber als Menschen interessant machen. Vielleicht beamt Dich die Angabe, dass Du Portugiesisch gelernt hast, direkt auf Platz eins der Sympathieliste Deines zukünftigen Chefs oder Ihr teilt eine Leidenschaft für Kung-Fu? Widerstehe aber der Versuchung, Deinen ganzen Lebenslauf mit solchen Details vollzustopfen, in der Hoffnung, zufällig auf eine Gemeinsamkeit zu stoßen. Wahrscheinlich wird der Leser Deines Lebenslaufes dann nämlich gar nicht bis zu der Stelle kommen, wo er entdecken könnte, dass Du, genau wie er, Überraschungseierfiguren sammelst – weil Dein Lebenslauf vorher schon längst im Papierkorb gelandet ist.

Auch beim Thema Fotos scheiden sich die Geister. Während in den USA eine Bewerbung mit Bild inzwischen undenkbar ist, konnte sich diese Maßnahme gegen Diskriminierung in Europa noch nicht durchsetzen. Hast Du ein professionell wirkendes Bild, auf dem Du offen und freundlich in die Kamera blickst, solltest Du nicht zögern, es zu Deinem Vorteil einzusetzen. Immerhin bist

Du ja die Idealbesetzung für den Praktikumsplatz und wenn Deine Chefin sich nun deswegen für Dich entscheidet, weil Dir Dein Foto die nötigen Sympathiepunkte eingebracht hat – auch gut!

Zu guter Letzt solltest Du – ausgewählte – **ZEUGNISSE ODER BESCHEINIGUNGEN** anhängen. Auch hier gilt: konzentriere Dich auf das Wichtigste.

Ganz entscheidend ist, dass Du Deine Bewerbung mit viel Sorgfalt erstellst. Dein Anschreiben sieht so aus, als habest Du wild Kommas darüber ausgekippt? In Deinem Lebenslauf wimmelt es von Rechtschreibfehlern und kein Absatz ist so groß wie der andere? Du hast versehentlich den Namen Deines Ansprechpartners falsch geschrieben oder vergisst die Schlussformel? Dann hättest Du Dir das Geld für das Porto beziehungsweise das Klicken auf »E-Mail versenden« genauso gut sparen können. Gib die Bewerbung unbedingt Deiner rechtschreibbegabten Schwester zum Korrekturlesen und frag Deine pingelige Freundin mit Bewerbungserfahrung nach ihrer Einschätzung. Hilfreiche Tipps zu Anschreiben und Lebenslauf findest Du auf den Seiten **www.jobware.de/Ratgeber/Bewerbungsanschreiben-richtig-aufbauen.html** und **www.absolventa.de/karriereguide/bewerbung/tabellarischer-lebenslauf**.

DAS BEWERBUNGSGESPRÄCH

Die letzte Hürde vor einem Praktikumsplatz ist üblicherweise das Bewerbungsgespräch. Um auch hier von Dir zu überzeugen solltest Du …

- • • sauber, ordentlich und auch ein bisschen schicker angezogen zum Gespräch erscheinen, ohne Dich völlig zu verkleiden.

- • • zu dem Termin pünktlich sein – also im Zweifelsfall lieber einen Bus früher nehmen und draußen vor dem Gebäude noch ein paar nervöse Minuten verbringen.

- • • über die Einrichtung oder das Unternehmen Bescheid wissen.

- • • Deine Erwartungen an das Praktikum formulieren können und Dich an alle Details Deiner Bewerbung erinnern.

Denk bei dem Bewerbungsgespräch auch immer daran, dass nicht nur Du zum Praktikumsplatz, sondern auch der Praktikumsplatz zu Dir passen muss. Frag also unbedingt nach, welche konkreten Aufgaben Dich erwarten. Sieht man Dich in einem Unternehmen nur als unschlagbar günstige Fachkraft für Kopieraufträge und Bewirtung von Arbeitssitzungen, solltest Du in Betracht ziehen, Deine Lebenszeit andernorts angenehmer zu verschwenden.

8.3
WÄHREND DES PRAKTIKUMS

Es ist wohl überflüssig zu erwähnen, dass man von Dir beim Praktikum Pünktlichkeit, Gewissenhaftigkeit und einen höflichen und respektvollen Umgang erwartet. Selbstverständlich duzt Du den Chef erst, wenn er es Dir angeboten hat, und Du passt Dich auch in der Kleidung ein wenig an Deinen neuen Wirkungsort an. Der Minirock bleibt also im Schrank – es sei denn, Deine Kollegin trägt sogar noch ein paar Zentimeter weniger Stoff von der Hüfte abwärts. Außer eventuell im arbeitspsychologischen Bereich wirst Du aber ohne schickes Kostümchen oder Nadelstreifenanzug auskommen – orientiere Dich einfach daran, wie die anderen gekleidet sind.

Grundsätzlich ist der Deal beim Praktikum, dass Du ohne geldwerte Entlohnung arbeitest, aber dafür so betreut und eingewiesen wirst, dass Du anderweitig davon profitierst, sprich – etwas lernst! Wenn Du für Deinen Chef die Präsentationsfolien überarbeitet hast, kannst Du ruhig erwarten, dass er einen Teil der Zeit, die er so gespart hat, in Dich investiert und Dir ein paar Hintergrundinformationen liefert. Es ist auch völlig in Ordnung, ab und an stupide Aufgaben zu erledigen, solange nicht Dein ganzer Tag daraus besteht. Zudem solltest Du das Gefühl haben, an jedem Praktikumstag etwas Relevantes zu lernen – also etwas, das über die Erkenntnis hinausgeht, dass man während eines Scanvorgangs zweimal bis zehn zählen kann. Hast Du jedoch nur den Eindruck, dass Du Deine Zeit verschwendest, solltest Du Deinen Betreuer um ein konstruktives Gespräch bitten und

anspruchsvollere Arbeiten und mehr Erklärungen verlangen. Auch Überstunden, Arbeiten am Wochenende oder andere Auswüchse solltest Du entschieden ablehnen, schließlich bist Du Praktikant und nicht Sklave oder gut bezahlter Mitarbeiter.

Um aus Deinem Praktikum den größten Nutzen zu ziehen, solltest Du Dich so viel wie möglich einbringen. Frage nach, wenn Du etwas nicht verstehst, oder bitte darum, beispielsweise bei einer Besprechung dabei sein zu dürfen, wenn sie Dir interessant erscheint. Du kannst auch selbst etwas vorschlagen, was Du erledigen könntest, und bei spannenden Aufgaben Deine Hilfe anbieten. Manchmal ist dafür ein bisschen Mut erforderlich, aber um nicht unbeschäftigt im Praktikantenbüro zu versauern, ist eben ein bisschen Einsatz gefragt.

8.4
DAS PRAKTIKUMSZEUGNIS

Wenn Dein Praktikum gut läuft, solltest Du Deinen Betreuer darum bitten, Dir neben der Praktikumsbescheinigung auch ein richtiges Zeugnis auszustellen. Faule oder unerfahrene Betreuer werden Dir vielleicht anbieten, dass Du das Zeugnis selbst verfassen kannst und sie lediglich ihre Unterschrift daruntersetzen. Was zunächst super klingt, ist ein Angebot mit großen Tücken. Was ganz generell für das Verfassen von Arbeitszeugnissen gilt, ist auch beim Ausstellen eines guten Praktikumszeugnis wichtig, nämlich eine ganz bestimmte Sprache zu beherrschen und zu wissen, dass

selbst Kritik so formuliert wird, dass sie positiv klingt. Um zu zeigen, dass Deine Chefin wirklich viel von Dir hält und nicht nur eine durchschnittliche Bewertung abgibt, wird sie deswegen im Zeugnis in so hohen Tönen von Dir sprechen, dass es Dir beim Lesen vor Verlegenheit die Röte ins Gesicht treibt. Falls Du nicht zufällig über ein völlig übersteigertes Selbstbewusstsein verfügst, wirst Du somit kaum einen Text zustande bringen, der Dich in ähnlich gutes Licht rückt. Zudem musst Du auch wissen, dass bestimmte Formulierungen im Zeugnis zwischen den Zeilen eine andere Botschaft transportieren. Der Vermerk »war stets gesellig und unter den Kollegen sehr beliebt« klingt nett und kann auch genau so gemeint sein, wenn im nächsten Satz außerdem Deine herausragende Arbeitsleistung gelobt wird. Sticht der Satz eher allein positiv aus der Bewertung heraus, schließt der Leser Deines Zeugnisses daraus jedoch, dass Du nicht nur selbst keinen Finger gerührt hast, sondern zudem auch noch Deine Kollegen durch Schwätzchen und Kaffeepausen von der Arbeit abgehalten hast.

Lässt es sich nicht vermeiden, dass Du Dir das Zeugnis selbst schreibst, solltest Du Dich an guten Vorlagen orientieren. Vielleicht können Dir Freunde oder Bekannte Zeugnisse zeigen und Du kannst ein paar passende Sätze übernehmen. Im Internet findest Du auch jede Menge Musterzeugnisse oder Du klickst Dich durch die Seite **www.arbeitszeugnisgenerator**, um ein Gefühl für die richtigen Formulierungen zu bekommen.

9
DAS STUDENTENLEBEN –
AKTIVITÄTEN AN DER
UNIVERSITÄT

Ein gutes Studium besteht aus mehr als Vorlesungen, Hausarbeiten und Klausuren. Aufgrund von vollgestopftem Stundenplan und mit der BAföG-Höchstförderungsdauer im Nacken vergisst man das leider leicht. Darum will ich Dir in den nächsten Abschnitten aufzeigen, was die Uni sonst noch zu bieten hat.

9.1
ÜBER DEN TELLERRAND SCHAUEN –
VORLESUNGEN ANDERER
FACHBEREICHE

Wer trotz des straffen Bachelorzeitplans noch ein bisschen Luft für intellektuelle Betätigung hat, dem kann ich nur empfehlen, auch einmal freiwillig eine Vorlesung aus einem völlig anderen Fachbereich zu hören. Dein Mitbewohner studiert Volkswirtschaftslehre und schwärmt von seiner Einführungsvorlesung? Du fandst Anatomie schon immer spannend? Oder es reizt Dich, etwas über die Ästhetik der Serie in Theater und Performance zu erfahren?

Nichts wie hin! Seminare sind meist zulassungsbegrenzt, aber in Vorlesungen kannst Du Dich problemlos reinsetzen. Gerade im stark verschulten Bachelorstudium ist es eine Wohltat, sich diese Freiheit zu nehmen. Lass Dir das erhebende Gefühl nicht entgehen, montagmorgens um acht Uhr in einer Vorlesung zu sitzen, einfach nur weil Du dazu Lust hast! Und auf die Frage »Häh, was bringt Dir die Vorlesung denn?« mit einem erfüllten Lächeln »Nichts« antworten zu können.

CZY MÓWISZ PO POLSKU?
SPRACHKURSE AN DER UNI

In der Schule zwang man Dich, Sprachen zu lernen, später im Leben wirst Du für gute Kurse viel Geld zahlen müssen – an der Uni aber lädt man Dich ein. Es ist also eine gute Gelegenheit noch schnell eine exotische Sprache zu lernen oder Deine einrostenden Spanischkenntnisse aufzumotzen. Fast jede Universität hat ein Sprachenzentrum, in dem verschiedene Sprachkurse angeboten werden. Für ausgefallenere Sprachen musst Du Dich eventuell direkt beispielsweise an die Sinologen wenden und um einen der Restplätze im Chinesischsprachkurs bitten. Häufig vermitteln der Allgemeine Studierendenausschuss oder das Sprachenzentrum auch sogenannte Sprachtandempartner. Mit einem Tandempartner kann man sich ganz entspannt auf ein Bier treffen und immer abwechselnd Deutsch und die Muttersprache des Tandempartners sprechen. Angenehmer und effektiver ist Sprachtraining kaum zu bekommen. Außerdem ist es auch nie von Nachteil, Verbindungen in die Erasmus-Studenten-Szene zu haben. Wann auch immer Dir

nach Feiern zu Mute ist – sie werden wissen, wo das gut geht, und eifrig dabei sein.

9.2
EIN ECHTER AUSGLEICH – UNISPORT UND HOCHSCHULGRUPPEN

UNISPORT

Du hast vom Lernen gerade genug und das Gefühl, dass absolut nichts mehr in den Kopf reinpasst, ohne dass etwas anderes herausfällt? Dann bist Du in Extravorlesungen und Sprachkursen natürlich fehl am Platz und brauchst einen echten Ausgleich. Sehr gute Möglichkeiten bietet hierfür der Unisport. Oft reicht das vielfältige Angebot von A wie Aerobic über R wie Rugby bis hin zu Z wie Zumba. Irgendwas ist für jeden dabei und die Kurse sind entweder kostenlos oder unschlagbar billig. Sehr praktisch ist auch, dass sie meist irgendwo in der Nähe der Uni stattfinden. Da Du Kurse üblicherweise immer nur für ein Semester oder die Semesterferien buchst, hast Du auch die Gelegenheit, in ganz unterschiedliche Sportarten reinzuschnuppern. Aber Achtung bei der Onlineanmeldung: Beliebte Kurse sind häufig innerhalb von Minuten nach Freischaltung schon ausgebucht.

HOCHSCHULGRUPPEN

In Hochschulgruppen organisieren sich Studenten mit gemeinsamen Zielen und Interessen. Je nach Uni erwartet Dich ein breites Spektrum. Du möchtest als Ausgleich zum Studium gern singen oder Theater spielen? Vielleicht gefällt es Dir ja im Unichor oder einer der Theatergruppen. Du möchtest etwas in der Welt oder an der Uni verändern? Dann wäre vielleicht die Amnesty-International-Studentengruppe das Richtige für Dich oder eine der politischen Studentengruppen wie die Juso-Hochschulgruppe oder der Ring Christlich-Demokratischer Studenten. Du könntest Dich natürlich auch beim Sorgentelefon engagieren oder Dich gemeinsam mit anderen für die Belange lesbischer, bisexueller oder schwuler Studenten einsetzen. Vielleicht wirst Du Dich in der evangelischen Studierendengemeinde wohlfühlen oder im Debattierclub neue Seiten an Dir entdecken. Und falls es für das, was Du Dir wünschst oder was Dir auf dem Herzen brennt, noch keine Gruppe gibt, dann solltest Du einfach selbst eine gründen.

10
NICHTS WIE WEG –
AUSLANDSAUFENTHALTE

Anders als Praktika sind Auslandsaufenthalte für Psychologen weder verpflichtend noch für den Berufseinstieg ausschlaggebend. Ins Ausland solltest Du nur aus einem einzigen Grund gehen: Weil Du Lust hast! Und von einem Auslandsaufenthalt kann man in vielerlei Hinsicht profitieren.

☿ Nie flutschen Vokabeln leichter ins Hirn. Und sie bleiben dort. Für immer. Seitdem ich Leck- und Klebebewegungen ausführend den französischen Postbeamten dazu bringen wollte, mir doch bitte Briefmarken zu verkaufen, hat sich das Wort »timbres« – von besagtem Postbeamten nach drei Minuten fragend in die Runde geworfen – unauslöschlich in mein Gedächtnis gebrannt.

☿ Nie lernt man mehr über die eigene Kultur. Natürlich auch über die des Gastlandes, aber muss ich das extra erwähnen? Seit meiner Zeit in den USA weiß ich zum Beispiel, dass wir Deutschen ein wie versessen Brot futterndes Völkchen sind, das von Unorganisiertheit Ausschlag bekommt und anderen die eigene Meinung recht ungefiltert serviert.

♂ Nie erfährt man schneller, was und, mehr noch, wer einem wichtig ist! Zerbrechen Beziehungen oder kühlen Freundschaften im Erasmus-Semester ab, dann tut das ganz unzweifelhaft weh. Aber häufig war der Auslandsaufenthalt weniger die Ursache als vielmehr der Augenöffner.

♂ Nie kann man in kurzer Zeit so viel erleben und ausprobieren. Im Monsunsturm Fahrrad fahren, Schnecken essen, auf einer mexikanischen Hochzeit Salsa tanzen oder Skifahren lernen – das kann man natürlich auch im Urlaub. Aber wann hat man schon ein ganzes Semester lang Urlaub?

Ein Auslandsaufenthalt ist ein Abenteuer und eine unglaublich intensive Zeit. Intensiv schön, aber auch intensiv schlimm. Angst, Hilflosigkeit, Sehnsucht und das Gefühl, von aller Welt verlassen zu sein, gehören nämlich auch dazu. Aber getreu dem Motto »Was einen nicht umbringt, härtet ab« möchte ich gerade auch die Momente größter Verzweiflung nicht missen. Abgesehen davon – willst Du Deine Freunde mit eintönigen »Hach-das-war-so-toll«-Geschichten langweilen? Die tote Ratte im Trinkwassertank oder die Reifenpanne auf dem menschenleeren Highway hingegen taugen – einmal überstanden – hervorragend als Gesprächsthema bei der nächsten Party.

10.1
WEG – ABER WIE?

STUDIUM IM AUSLAND

Der einfachste Weg ins Ausland ist sicherlich über ein Erasmus-Programm oder einen Direktaustausch Deiner Universität. Auf der Homepage Deines Fachbereiches oder Deiner Universität findest Du dazu Informationen und erfährst, wer Dein Ansprechpartner ist. Leider sind die Plätze in diesen Programmen begrenzt oder es gibt möglicherweise gar keine Plätze in Deinem Wunschland. Natürlich ist es auch möglich, ein Auslandssemester eigenständig zu organisieren, aber das ist sehr aufwändig und häufig auch teuer, vor allem, sobald man im Ausland Studiengebühren zahlen muss. Auf der Webseite des Deutschen Akademischen Austauschdienstes (DAAD) findest Du viele hilfreiche Informationen dazu: **www.daad.de/ausland/studieren/de/**.

Mit der Umstellung auf das Bachelor-/Mastersystem war die Hoffnung verbunden, die Mobilität zwischen Hochschulen innerhalb der Europäischen Union zu erhöhen. Das European Credit Transfer System (ECTS) sollte es erleichtern, Leistungen von anderen Universitäten angerechnet zu bekommen. Heerscharen frustrierter Studenten können bezeugen, dass das leider (noch) nicht geklappt hat. Willst Du Teile Deines Studiums im Ausland absolvieren oder Dir zumindest einzelne Kurse anrechnen lassen, musst Du Dich sehr gut informieren, häufig auf die Kulanz von Prüfungsämtern und Dozenten hoffen und solltest Dir wirklich wichtige Zusagen lieber schriftlich geben lassen (Menschen sind vergesslich und nicht immer gleich gut gelaunt).

PRAKTIKUM IM AUSLAND

Eine sehr gute Alternative zum Auslandsstudium ist ein Praktikum im Ausland.

Vorteile eines Praktikums

▶ Es fallen keine Studiengebühren an.

▶ Du kommst eher in Kontakt mit Einheimischen, statt nur mit anderen Erasmus-Studenten.

▶ Häufig kann man sich das Auslandspraktikum als eines der Pflichtpraktika anerkennen lassen.

▶ Du bist zeitlich flexibler.

Vor allem der letzte Punkt ist sehr praktisch. So kannst Du Dich entweder für einen sehr kurzen Auslandsaufenthalt während der Semesterferien entscheiden oder Du kombinierst Semesterferien und ein Semester zu einem längeren Aufenthalt und »verlierst« trotzdem nur ein Semester.

Hürden beim Auslandspraktikum

Für ein Auslandspraktikum musst Du Eigeninitiative zeigen und Dich selbst auf die Suche machen. Falls Du Dich – wenigstens ein bisschen – für Forschung begeistern kannst, bietet sich ein Forschungspraktikum an einer Uni oder einem Forschungsinstitut an. Es ist relativ unkompliziert, einen solchen Praktikumsplatz zu ergattern, und die Anrechnung in Deutschland sollte dann auch

problemlos klappen. Sprich Deine Professoren in Deutschland an – häufig haben sie Kooperationspartner im Ausland, die sich über eine (kostenlose!) Arbeitskraft freuen. Falls Du ein Stipendium bekommst, können Alumni, die sich gerade selbst im Ausland aufhalten, sehr hilfreich sein. Aber auch Initiativbewerbungen können erfolgreich sein – wer hat nicht noch irgendwas herumliegen, das dringend kopiert werden möchte? In allen Fällen sollte man natürlich hervorheben, dass der Grund für die Bewerbung pures Interesse am jeweiligen Forschungsgebiet ist und nicht das gute Wetter in Italien oder die hübschen Jungs in Schweden …

Anders als in einem organisierten Austauschprogramm musst Du Dich auch um Deine Unterkunft selbst kümmern und bekommst meist keinen Platz im Studentenwohnheim. Die Suche aus der Ferne kann extrem nervenaufreibend sein. Darum ist es manchmal besser, sich für die erste Woche in einem Hostel einzuquartieren und dann vor Ort zu suchen. Vor allem aber solltest Du niemals Geld überweisen, bevor Du nicht tatsächlich in der Wohnung gewesen bist – Fake-Anzeigen für verzweifelte Wohnungssuchende sind ein lohnendes Geschäft für Kleinkriminelle.

FINANZIERUNG

Leider kostet ein Auslandsaufenthalt Geld. Zu den üblichen Lebenshaltungskosten, die je nach Land auch deutlich höher liegen können als in Deutschland, kommen noch Reisekosten, manchmal Visagebühren und teure Impfungen und eventuell Studiengebühren hinzu. Häufig fallen bestimmte Kosten in Deutschland auch während

des Auslandsaufenthaltes an. Ärgerlich ist es zum Beispiel, wenn man für seine ungenutzte Handyflatrate in Deutschland weiterhin zahlen muss. Aber durch rechtzeitige Planung und die vorausschauende Wahl eines Anbieters mit kurzen Kündigungsfristen lassen sich solche Doppelbelastungen vermeiden. Einkünfte aus Nebenjobs fallen während der Zeit im Ausland selbstverständlich weg und hinterlassen ein unschönes Loch in Deinem Finanzierungsplan. Im Folgenden zeige ich Dir ein paar Möglichkeiten auf, wie sich ein Auslandsaufenthalt für Dich finanziell am besten stemmen lässt.

Auslands-BAföG

Auch wenn Du nicht berechtigt bist, normales BAföG zu beziehen, lohnt es sich, abzuklären, ob Du im Ausland nicht doch etwas bekommen würdest. Beim Auslands-BAföG sind die Förderungssätze nämlich höher und zudem werden Studiengebühren, Kosten für die Krankenversicherung im Ausland und Reisekosten – zumindest anteilig – übernommen. Inlands- und Auslands-BAföG sind auch insofern voneinander unabhängig, dass Dir Zeiten im Ausland nicht auf Deine Inlands-Höchstförderungsdauer angerechnet werden und ein extra Antrag für das Auslands-BAföG nötig ist. Diesen solltest Du rechtzeitig stellen, am besten sechs bis neun Monate bevor es losgehen soll. Tipps und Informationen gibt es auf der Seite **www.auslandsbafoeg.de/**.

Stipendien

In bestimmten Programmen (Erasmus, Direktaustausch Deiner Uni, Fulbright und Ähnliches) gibt es mit einem Platz auch direkt

Geld. Wie viel Geld Du bekommst, hängt von dem jeweiligen Programm und teilweise auch von Deinem Zielland ab. Das Erasmus-Stipendium ist beispielsweise nur dafür vorgesehen, Mehrkosten des Auslandsaufenthaltes abzudecken, und liegt bei rund 150 Euro monatlich. Im Erasmus-Programm werden auch Praktika innerhalb der Europäischen Union finanziell gefördert.

Die meisten Begabtenförderungswerke – wie die Studienstiftung des deutschen Volkes – gewähren ihren Stipendiaten einen Auslandszuschlag oder sie vergeben noch mal gesonderte Auslandsstipendien für Reisekosten und Studiengebühren.

Der DAAD vergibt selbst Stipendien und bietet zudem eine gute Übersicht über andere Stipendiengeber. Auch bei e-fellows kannst Du gezielt nach Stipendien für einen Auslandsaufenthalt suchen.

- ▶ **www.daad.de/ausland/studieren/stipendium/ de/70-stipendien-finden-und-bewerben/**
- ▶ **www.e-fellows.net/STUDIUM/Stipendien/ Stipendien-Datenbank/Stipendium-suchen-finden**

Sparen

Vielleicht kannst Du Dir (noch) einen Nebenjob suchen? Oma und Opa zu einer kleinen Spende überreden? Oder Du schaffst es auch so schon, jeden Monat etwas zurückzulegen? Mit einem Sparschwein auf dem dick »Hawaii« steht, lässt sich auch schon einmal auf den Kinobesuch oder den vierten Cocktail verzichten. Auch bei den Kosten für den Auslandsaufenthalt kannst Du natürlich sparen:

- Buche Deine Anreise rechtzeitig, um beispielsweise noch Sparpreise der Bahn abzugreifen.

- Suche rechtzeitig nach einem Zwischenmieter für Dein Zimmer/Deine Wohnung.

- Kündige alles, was Du kündigen kannst (Handy, Internet, Telefon, Fitnessstudio).

10.2
WEG – ABER WANN?

Aufgrund des unterschiedlichen Aufbaus von Psychologiestudien-gängen ist es schwierig, eine generelle Empfehlung zu geben. Da ein Auslandsaufenthalt einiges an Planung mit einer entsprechenden Vorlaufzeit erfordert und Du Dich auch erst an der Uni eingewöhnen musst, fallen die ersten Semester raus. Die meisten Studenten wählen deswegen eines der letzten Semester für ihr Auslandssemester. Ein anderer Ansatzpunkt ist, dass Du eine Verlängerung Deines Studiums um die im Ausland verbrachte Zeit einplanst. Dann solltest Du eher nach so etwas wie einer natürlichen Zäsur im Studium suchst. Kann es Dir gelingen, alle Kurse so zu belegen, dass Du zu einem bestimmten Zeitpunkt alle Module abgeschlossen hast und danach neue beginnen? Schließlich wirst Du nach Deiner kleinen Auszeit mit trinkfesten Erasmus-Studenten aus ganz Europa zuvor gelerntes Wissen nicht direkt klausurreif

abrufbar haben. Da all das häufig schwer zu überblicken ist, solltest Du bei Gelegenheit ältere Kommilitonen nach ihren Erfahrungen fragen. Sie kennen viele Stolpersteine aus eigener schmerzhafter Erfahrung und sind meist gewillt, alle ihre Tricks und guten Tipps mit Dir zu teilen! Manchmal hilft auch ein Gespräch mit dem Auslandsbeauftragten des Psychologiefachbereiches, vor allem, wenn es darum geht, welche Kurse Du Dir später anrechnen lassen kannst.

Für ein Auslandspraktikum gilt im Grunde Ähnliches, nur ist es in diesem Fall noch ratsamer, eher zum Ende des Studiums ins Ausland zu gehen. Je länger Du schon studierst, desto einfacher wird es, einen Praktikumsplatz zu bekommen, der spannendere Aufgaben als Kaffeekochen und Blumengießen bietet. Wie schon zuvor ausgeführt, hast Du bei einem Auslandspraktikum auch die Möglichkeit, es während der Semesterferien zu absolvieren – im Sommer sind das ja immerhin fast drei Monate.

Manchmal passt ein Auslandsaufenthalt auch gut in die Zeit zwischen Bachelor und Master oder ganz zum Ende des Bachelorstudiums. Das hat den Vorteil, dass Du eventuell sowieso die Stadt wechselst und so einfach Deine Zelte komplett abbrechen kannst, um erst ins Ausland und dann in eine andere Stadt zu verschwinden. Wenn Du das Studium schon beendet hast, fällt das klassische Auslandsstudium natürlich aus, aber Praktika oder Sommerjobs sind möglich. Informiere Dich vorher ausführlich, ob Du dann weiter krankenversichert bist und ob der Sommerjob auch ohne Studentenstatus möglich ist. Viele Studenten gehen

auch für ihre Bachelorarbeit ins Ausland, was natürlich mit dem Betreuer der Arbeit abgesprochen sein muss.

Zum Abschluss noch zwei ganz wichtige Punkte: **!**

1. Rechtzeitige Planung, rechtzeitige Planung, rechtzeitige Planung! Sechs Monate bis ein Jahr Vorlaufzeit sind das Minimum für die konkrete Planung. Ein Auslandsaufenthalt startet sehr viel stressfreier, wenn Du in den Tagen vor dem Abflug nicht stündlich panisch im Briefkasten nachsehen musst, ob das Visum noch rechtzeitig angekommen ist. Grundsätzliche Überlegungen, ob Du ins Ausland gehen möchtest, solltest Du sogar schon ziemlich zu Beginn Deines Studiums anstellen. Verpasste Deadlines haben schon so manchen Studenten um sein Auslandssemester gebracht.

2. Lass Dich nicht entmutigen! Vieles bei der Planung eines Auslandsaufenthaltes kann sehr frustrierend sein und Du musst häufig sehr hartnäckig bleiben und auch verschiedene Optionen ausprobieren, bis Du das Passende findest. So wurde aus meinem Erasmus-Semester in Frankreich letztlich ein Forschungspraktikum in der (immerhin französischsprachigen) Schweiz.

11
DIE ZUKUNFTSPERSPEKTIVE –
DEN ABSCHLUSS IN DER
TASCHE UND JETZT?

Spätestens wenn das Ende Deines Studiums in greifbare Nähe rückt, kommst Du nicht umhin, Dir Gedanken über das Leben nach der Uni zu machen. Besser wäre es allerdings, wenn Du Dich schon vor Studienbeginn damit befasst, um die richtigen Weichen zu stellen. Damit gehört »Und was willst Du später damit machen?« zwar unter die Top Ten der nervigsten Fragen, die wohlwollende Verwandte stellen können, aber anders als die besorgte Erkundigung, ob Du denn auch genug isst, hat sie durchaus ihre Berechtigung.

11.1
MASTERSTUDIUM ODER
DAS DRAMA MIT DEM BACHELOR

Du hast Deinen Bachelor endlich in der Tasche und fragst Dich nun, ob zwei weitere Jahre Uni oder der direkte Start in den Beruf das Richtige für Dich ist. Meine Empfehlung ist da eindeutig:

Wenn Deine Noten, Finanzen und Deine Motivation es auch nur irgendwie hergeben, solltest Du Dich unbedingt um einen Masterplatz bemühen! Erst der Masterabschluss ist mit dem Diplom vergleichbar und mit einem Bachelor allein bist Du noch nicht einmal berechtigt, die Berufsbezeichnung »Psychologe« zu führen, geschweige denn, eine Therapieausbildung zu beginnen.[28]

Während der Diplomstudent nach seinem Vordiplom einfach munter weiterstudiert hat, darfst Du ausbaden, dass man bei der Einführung des Bachelor-/Mastersystems die Augen vor der Realität ganz fest zugekniffen hat. Leider ist nämlich längst nicht für jeden Bachelorabsolventen ein Masterplatz vorgesehen. Schließlich soll der Bachelor auch für Psychologen – genau wie beispielsweise für BWLer oder Historiker – der sogenannte »erste berufsqualifizierende Abschluss« sein (eine Ausnahme hat man nur Medizinern, Pharmazeuten und Juristen zugestanden). Anstatt weiter zu studieren, soll der frisch gebackene Psychologiebachelor doch lieber direkt anfangen zu arbeiten. Als irgendetwas. Mit Psychologie und so. Dummerweise gibt es bislang schlicht weg keinen Bedarf an halbausgebildeten Psychologen – klassischerweise sind psychologische Tätigkeiten, sei es nun die Arbeit in der Klinik oder der Forschung, einfach zu anspruchsvoll und gehen mit zu viel Verantwortung einher. Es ist natürlich nicht auszuschließen, dass sich in den nächsten Jahren ein Arbeitsmarkt für Psychologiebachelor entwickelt, die dann unter Anleitung und bei schlechterer Bezahlung, Assistenz- und Routinetätigkeiten, etwa im Bereich Diagnostik, ausführen. Auch steht Dir als Absolvent

---

28 Quelle: www.bdp-verband.org/psychologie/faq_titelanerkennung.shtml#01 (abgerufen 29. Mai 2013)

immer die Möglichkeit offen, Dich in fachfremden Bereichen zu bewerben. Oder Du hast Dich im Praktikum so außergewöhnlich geschickt angestellt, dass man Dich auch ohne Master gern übernimmt. Dass es Dir gelingt, nur mit einem abgeschlossenen Bachelorstudium beruflich das zu tun, wofür Du ursprünglich an die Universität gekommen bist, ist aber leider eher unwahrscheinlich.

BEWERBUNG UM EINEN MASTERPLATZ

Das Problem mit zu vielen Bewerbern auf zu wenige Plätze kennst Du ja bereits vom Kampf um den Bachelorstudienplatz. Dementsprechend kannst Du Dir vorstellen, welches Elend Dich bei der Bewerbung um einen Masterplatz erwartet. Nur ist das ganze Verfahren vielleicht noch ein bisschen chaotischer. Natürlich spielt die Bachelorabschlussnote eine entscheidende Rolle, aber auch Noten in bestimmten Modulen, Motivationsschreiben, Auswahltest und bestimmte Kurse, die Du belegt hast, können Dir einen Platz sichern. Viele Regelungen erscheinen seltsam und willkürlich. Tatsächlich sind sie häufig ein Weg der Unis, ihre eigenen Absolventen zu bevorzugen. Schließlich würde man gern seine gut ausgebildeten Studenten zum Masterabschluss führen, anstatt irgendwen von einer Wald-und-Wiesen-Uni aufnehmen zu müssen, an der gute Noten zu freigiebig verteilt wurden. Noch befindet sich das gesamte System allerdings im Umbruch und es besteht leise Hoffnung, dass alles besser ist, wenn Du erst Dein Bachelorzeugnis in der Tasche hast.

Wo bewerben?

Neben allen Kriterien, die auch schon bei der Auswahl des Bachelorstudienortes eine Rolle gespielt haben, musst Du Dich außerdem entscheiden, welcher Masterstudiengang der richtige für Dich ist. Neben spezifischen Masterstudiengängen, beispielsweise für Klinische Psychologie oder Wirtschaftspsychologie, gibt es auch allgemeiner ausgerichtete Studienangebote, die sich eher am klassischen Diplomstudiengang orientieren. Wie schon beim Bachelorstudium ist Vorsicht geboten, falls Du Dich an einer privaten Hochschule bewirbst. Nicht alle diese Masterprogramme werden als gleichwertig zu einem Studium an einer staatlichen Uni angesehen und nicht selten bleibt Dir dann der Zugang zur Therapeutenausbildung verwehrt. Um bösen Überraschungen vorzubeugen, solltest Du das auf jeden Fall vor Studienbeginn abklären.

11.2
BERUFSAUSSICHTEN
FÜR PSYCHOLOGEN

Ist der Masterabschluss erst einmal geschafft, sind Deine Berufschancen gut. Psychologen können in vielfältigen Arbeitsbereichen tätig sein und sind vor allem auch wegen ihrer fundierten Methodenausbildung in fachfremden Bereichen gefragt. Anders als beispielsweise bei einem Lehramtsstudium gibt es aber keinen vorgezeichneten Weg. Das hat den Vorteil, dass die vielen

verschiedenen Arbeitsfelder die Einstiegschancen erhöhen und Du Dich zwischenzeitlich auch noch umorientieren kannst. Der Nachteil ist, ohne Eigeninitiative wird es schwierig. Erstens musst Du natürlich zunächst einmal herausfinden, welche Jobs es überhaupt gibt. Hättest Du gedacht, dass sowohl die Bundeswehr als auch die Agentur für Arbeit Arbeitgeber für Psychologen sind? Zweitens stehst Du häufig in Konkurrenz zu Absolventen aus anderen Fächern und musst deswegen Dein Profil beispielsweise durch Praktika schärfen. Im Folgenden werde ich Dir einige Berufsfelder kurz vorstellen und Einstiegsmöglichkeiten und Hürden skizzieren.

KLINISCHER BEREICH

Im klinischen Bereich beschäftigen sich Psychologen mit psychischen Störungen und versuchen, diese zu diagnostizieren, zu behandeln oder auch ihnen vorzubeugen. Arbeitgeber sind beispielsweise psychiatrische Kliniken, Beratungsstellen, Gesundheitsämter und Rehabilitationseinrichtungen. Man kann sich auch als Therapeut mit einer eigenen Praxis selbstständig machen.

Einstieg und Hürden

Möchtest Du im klinischen Bereich arbeiten, ist meist eine Therapieausbildung erforderlich, für eine Niederlassung als Therapeut ist sie sogar unabdingbar. Nach Deinem abgeschlossenen Master- oder Diplomstudium musst Du also nochmals drei bis fünf Jahre und zudem einen Batzen Geld investieren, um die sogenannte **APPROBATION** zum **PSYCHOLOGISCHEN**

PSYCHOTHERAPEUTEN zu bekommen. Die Ausbildung ist kostenpflichtig (mit rund 20.000 Euro darfst Du rechnen) und umfasst zudem 1.800 Stunden praktische Tätigkeit, die Du in Kliniken ableisten musst und die entweder sehr schlecht oder meist gar nicht vergütet werden. Während sich die Lage in der zweiten Hälfte der Ausbildung finanziell etwas entspannt, da Du dann für die eigenständige Behandlung von Patienten entlohnt wirst, sind die ersten Jahre eine echte Durststrecke und ohne finanzielle Unterstützung durch die Eltern oder eigene Ersparnisse schwer durchzustehen. Die Entscheidung für diesen Weg will also gut überlegt sein und Du solltest unbedingt schon während des Studiums ein Praktikum im klinischen Bereich machen, um sicherzugehen, dass Dir die Arbeit als Therapeut auch tatsächlich liegt. Eine Auflistung verschiedener Ausbildungsinstitute findest Du auf der Seite **www.bptk.de/links.html**. Weitere Informationen zum Thema Finanzen und Aufbau der Ausbildung gibt es unter **www.klvt.de/ausbildung.php?kostenpsycho**.

FORSCHUNG UND LEHRE

Psychologen in diesem Tätigkeitsbereich erzeugen neues Wissen und vermitteln psychologische Erkenntnisse und Kompetenzen an Studenten. Als Student hast Du natürlich die Professoren an der Uni vor Augen, aber auch außeruniversitäre Forschungsinstitute und – in begrenztem Umfang – die freie Wirtschaft bieten forschungsorientierte Stellen an.

Einstieg und Hürden

Auch für einen Einstieg im Berufsfeld Forschung und Lehre ist ein langer Atem gefragt. Für eine wissenschaftliche Karriere an der Universität ist eine Promotion Grundvoraussetzung, aber auch in Forschungsinstituten wird meist erwartet, dass Du Deine Befähigung zum wissenschaftlichen Arbeiten bereits unter Beweis gestellt hast. Gelingt es Dir, eine Promotionsstelle oder ein Stipendium zu ergattern, musst Du zwar nicht wie bei einer Therapieausbildung ein kleines Vermögen hinblättern, aber Dein Lebensstandard wird sich von dem der meisten Studenten nicht wesentlich unterscheiden. Dein Arbeitspensum hingegen schon und in manchen Konstellationen liegen tatsächliche und entlohnte Arbeitszeit so weit auseinander, dass der Stundenlohn in den unteren einstelligen Bereich fällt. Dennoch kann die Promotionszeit, bei echtem Interesse, Spaß an der Wissenschaft und einigermaßen guten Rahmenbedingungen, sehr bereichernd sein. Möchtest Du an der Universität bleiben, folgt auf die Promotion allerdings noch ein steiniger Weg zur Professur – wohlgemerkt ohne die mindeste Erfolgsgarantie!

WIRTSCHAFT

In der Wirtschaft sind Psychologen häufig für Unternehmen in der Personalauswahl oder Personalentwicklung tätig, wo sie beispielsweise Auswahltests konzipieren, Assessment-Center durchführen und Trainings und Coachings anbieten. Aber auch klassische Tätigkeiten für Unternehmensberatungen, Headhunting oder Gesundheitsmanagement in Unternehmen können zu den Aufgabenfeldern von Psychologen gehören.

Einstieg und Hürden

Anders als im klinischen Bereich oder der Forschung kannst Du in diesem Berufsfeld direkt einsteigen, ohne dass eine zusätzliche Qualifikation erforderlich ist. Allerdings stehen Psychologen hier auch vermehrt in Konkurrenz zu Absolventen anderer Studiengänge, wie Betriebswirten mit dem Schwerpunkt Personalwesen. Interessierst Du Dich für diese Laufbahn, werden Dir Praktika beim Berufseinstieg extrem hilfreich sein und manchmal erweisen sich auch bestimmte zusätzliche Qualifikationen wie eine Coachingausbildung als förderlich.

11.3
WEITERE TÄTIGKEITSBEREICHE

Da die Berufsfelder für Psychologen sehr breit gefächert sind, würde eine vollständige Aufzählung aller Bereiche den Umfang dieses Studienführers bei Weitem sprengen. Es lohnt sich, Augen und Ohren offen zu halten. Vielleicht gibt es bei Dir an der Uni Alumniveranstaltungen, bei denen ehemalige Studenten ihren Beruf vorstellen, Du stößt beim Zeitung lesen auf Deinen Traumjob oder der Bekannte eines Bekannten kennt einen Psychologen mit einer wirklich spannenden Tätigkeit.

Vielleicht passt für Dich ja die Arbeit als ...

• • • Schulpsychologe, der Schullaufbahnberatung anbietet oder Seminare und Schulungen für Lehrer durchführt.

• • • Gerichtsgutachter, der für rechtliche Streitigkeiten Gutachten zur Schuldfähigkeit von Tätern, Glaubwürdigkeit von Zeugen oder in Sorgerechtsstreitigkeiten erstellt.

• • • Berufsberater bei der Bundesagentur für Arbeit, der Abiturienten dabei unterstützt, den richtigen Studiengang zu wählen.

• • • Verkehrspsychologe beim TÜV, der in medizinisch-psychologischen Untersuchungen die Fahreignung begutachtet.

• • • Psychologe bei Jugend- und Sozialämtern, der Weiterbildungskurse für Mitarbeiter, aber auch Eltern, anbietet und beratend tätig wird.

Weiterführende Informationen zu den verschiedenen Berufsfeldern und -möglichkeiten findest Du unter anderem auf den Seiten **www.uni-bielefeld.de/stud/fpsycho/studienberatung/berufsfelder.html** und **www.dgps.de/studium/danach/berufsfelder.php**.

12
DAS FAZIT

Ich hoffe, dieser Studienführer hat Dir die erwarteten Einblicke in das Studium der Psychologie zuteilwerden lassen. Bist Du nun zu der Erkenntnis gekommen, dass das Psychologiestudium spannend, interessant und lohnenswert ist, auch wenn es einige Hürden zu überwinden gilt – dann triffst Du damit so ziemlich meine Einschätzung. Hat Dich dieses Buch allerdings gänzlich davon abgebracht, Psychologie in Betracht zu ziehen, dann ist das auch eine gute Nachricht – was nicht passt, passt nicht und das lernt man lieber aus einem Buch als nach drei Monaten qualvollem Studium!

Zum Abschluss habe ich noch eine Bitte: Dieses Buch ist zwar mit großer Sorgfalt geschrieben worden, aber dennoch lassen sich Fehler nie ausschließen und die Welt verändert sich – verlasse Dich deswegen bei entscheidenden Informationen nie blind auf irgendeine Angabe!

Ich wünsche Dir alles Gute für Deine Zukunft und gegebenenfalls ein schönes und erfolgreiches Psychologiestudium!

13
WEITERFÜHRENDE
INFORMATIONEN

BUCHEMPFEHLUNGEN:
ÜBERBLICKSLEHRBÜCHER

▶ Gerrig, R. J.; Zimbardo, P. G: **Psychologie.** München, Pearson Studium, 18. Auflage, 2008.

▶ Bourne, L. E.; Ekstrand, B. R.: **Einführung in die Psychologie.** Eschborn b. Frankfurt, Klotz, 2005.

▶ Schönpflug, W.: **Einführung in die Psychologie.** Weinheim, Beltz, 2006.

14
LITERATUR- UND
QUELLENVERZEICHNIS

LITERATURQUELLEN

Aronson, Elliot; Wilson, Timothy; Akert, Robin: **Sozialpsychologie.** München, Pearson Studium, 6. Auflage, 2008.

Born, Jan; Rasch, Björn; Gais, Steffen: **Sleep to Remember.** The Neuroscientist 12, 2006, S. 410-424.

Europäische Kommission: **ECTS-Leitfaden.** Luxemburg, Amt für amtliche Veröffentlichungen der Europäischen Gemeinschaften, 2009.

Gais, Steffen; Lucas, Brian; Born, Jan: **Sleep after Learning Aids Memory Recall.** Learning & Memory 13, 2006, S. 259–262.

Gerrig, Richard; Zimbardo, Philip: **Psychologie.** München, Pearson Studium, 18. Auflage, 2008.

Jonas, Klaus; Stroebe, Wolfgang; Hewstone, Miles (Hrsg.): **Sozialpsychologie – Eine Einführung.** Heidelberg, Springer Medizin Verlag, 5. Auflage, 2007.

Jones, Edward; Berglas, Steven: **Control of Attributions about the Self through Self-handicapping Strategies:**

**The Appeal of Alcohol and the Role of Undera-
chievement.** Personality and Social Psychology Bulletin 4,
1978, S. 200-206.

McCrae, Robert; Costa, Paul: **A Five-factor Theory of
Personality.** In: Pervin, Lawrence; John, Oliver (Hrsg.):
Handbook of Personality. New York, Guilford, 1999.

INTERNETQUELLEN (STAND 29. MAI 2013)
www.absolventa.de/karriereguide/bewerbung/
tabellarischer-lebenslauf
www.bafoeg.bmbf.de/de/372.php
www.bdp-verband.org/psychologie/
faq_titelanerkennung.shtml#01
www.boeckler.de/20.htm
www.boell.de/stipendien/stipendien.html
www.cusanuswerk.de/de/foerderung/stipendien/
www.deutschland-stipendium.de/
www.dgps.de/fachgruppen/rechts/auwei.html
www.dgps.de/studium/abschluesse/
www.dgps.de/studium/danach/berufsfelder.php
www.dgps.de/studium/studienorte/
www.eles-studienwerk.de/index.php?id=27
www.ewi-psy.fu-berlin.de/einrichtungen/arbeitsbereiche/
gesund/entstehungsgeschichte/index.html
www.fes.de/studienfoerderung

www.freiheit.org/Foerderung/178c119/index.html

www.hochschulstart.de

www.hss.de/stipendium.html

www.jobmensa.de/

www.jobmensa.de/faq-studenten/allgemeine-informationen/
versicherungen/krankenversicherung

www.jobware.de/Ratgeber/Bewerbungsanschreiben-richtig-
aufbauen.html

www.kas.de/wf/de/42.34/

www.klvt.de/ausbildung.php?kostenpsycho

www.psychologie.uni-kiel.de/psychologiestudium.html

www.psychologie-studium.info/index.php?site=3

www.rosalux.de/studienwerk/stipendienprogramm.html

www.sdw.org/studienfoerderwerk-klaus-murmann/
stipendien#.UXFQU0q3S5w

www.stiftungen.org/index.php?id=1092

www.studentenwerke.de/main/default.asp?id=07301

www.studentenwerke.de/pdf/Kurzfassung19SE

www.studentjob.de/

www.studienkredit.de/home/

www.studienstiftung.de

www.studieren-psychologie.de/13,1,auslandsstudium.html

www.studieren-psychologie.de/36,1,65,private_fh.html

www.studis-online.de/StudInfo/Studienfinanzierung/
kindergeld.php

www.studis-online.de/StudInfo/Versicherungen/
krankenversicherung.php

www.test.de/Zahlreiche-Chancen-auf-Stipendien-Sponsoren-fuers-Studium-1486257-0/

www.uni-bielefeld.de/stud/fpsycho/studienberatung/berufsfelder.html

www.verivox.de/internet-vergleich/internetundtelefon/

Wenn Psychologie doch nichts für Dich ist, dann hat
Eden Books auch noch andere Ideen für Deine Zukunft!

BWL gilt als Mittel zum Zweck: Kaum jemanden interessiert
das Fach wirklich, aber jeder freut sich auf hohe Gehälter.
Warum BWL das beliebteste Studienfach Deutschlands ist
und wie man seine Wahl am Ende nicht bereut, erklärt
Benjamin Tillmann.

Benjamin Tillmann
UND IN FÜNF JAHREN MACH ICH RICHTIG KOHLE
Was man wissen muss, bevor man BWL studiert

256 Seiten | Taschenbuch | 12,5 × 19 cm
9,95 € (D) / 10,30 € (A)
ISBN: 978-3-944296-06-7

Lesen eigentlich alle Germanisten drei dicke Schinken pro Woche und geraten auf Lebenszeit beim Thema Kommasetzung in Verzückung? Inga Lüders räumt mit allen gängigen Klischees auf und liefert eine ehrliche Orientierungshilfe für die Studienwahl.

Inga Lüders
UND IN FÜNF JAHREN SCHREIB ICH BUCHKRITIKEN
Was man wissen muss, bevor man Germanistik studiert

192 Seiten | Taschenbuch | 12,5 × 19 cm
9,95 € (D) / 10,30 € (A)
ISBN: 978-3-944296-07-4

Ein altes Jura-Sprichwort sagt: »Recht haben und Recht bekommen sind zwei verschiedene Dinge.« Was es mit diesem Satz auf sich hat und welche Werkzeuge angehende Juristen für ihre Zukunft als Problemlöser der Nation so benötigen, verrät Ronja Serena Spießer in diesem humorvollen Ratgeber.

UND IN FÜNF JAHRENHABE ICH RECHT
Was man wissen muss, bevor man Jura studiert

240 Seiten | Taschenbuch | 12,5 × 19 cm
9,95 € (D) / 10,30 € (A)
ISBN: 978-3-944296-13-5

Warum gilt Medizin seit Jahren als eines der attraktivsten Studienfächer, seit wann gehen Deutschland die Ärzte aus und warum hat eigentlich jeder eine Meinung zu diesem Studium? Stets ehrlich und informativ, stellenweise subjektiv klärt dieser Studienführer angehende Ärzte auf.

UND IN FÜNF JAHREN RETTE ICH MENSCHENLEBEN
Was man wissen muss, bevor man Medizin studiert

208 Seiten | Taschenbuch | 12,5 × 19 cm
9,95 € (D) / 10,30 € (A)
ISBN: 978-3-944296-35-7

Über das Studium der Architektur heißt es, es sei der Himmel auf Erden, die Realität im Anschluss leider oft das Gegenteil. Wie man das vermeidet und sich umfassend auf den Einstieg ins Berufsleben vorbereitet, steht in diesem Buch.

UND IN FÜNF JAHREN BAUE ICH WOLKENKRATZER
Was man wissen muss, bevor man Architektur studiert

208 Seiten | Taschenbuch | 12,5 × 19 cm
9,95 € (D) / 10,30 € (A)
ISBN: 978-3-944296-36-4

Impressum

Eden Books
Ein Verlag der Edel Germany GmbH

Copyright © 2013 Edel Germany GmbH,
Neumühlen 17, 22763 Hamburg
www.edenbooks.de | www.facebook.com/EdenBooksBerlin
www.edel.com
1. Auflage 2013

Projektkoordination: Franziska Klün
Lektorat: Susanne Röltgen
Umschlaggestaltung, Layout, Herstellung und Satz:
Bon Bon Büro, Berlin | www.bonbonbuero.de

Druck und Bindung: optimal media GmbH,
Glienholzweg 7, 17207 Röbel/Müritz

Printed in Germany

ISBN 978-3-944296-14-2